法|学|研|究|文|丛
——行政法学——

明显不当行政行为的
司法审查研究

王振方 著

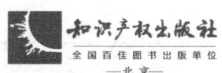

知识产权出版社
全国百佳图书出版单位
——北京——

图书在版编目（CIP）数据

明显不当行政行为的司法审查研究／王振方著．
北京：知识产权出版社，2025.8．－－（法学研究文丛）．
ISBN 978－7－5245－0068－1

Ⅰ．D925.304

中国国家版本馆 CIP 数据核字第 2025BC8397 号

责任编辑：彭小华　　　　　　　责任校对：王　岩
封面设计：智兴设计室　　　　　责任印制：孙婷婷

明显不当行政行为的司法审查研究
王振方　著

出版发行：知识产权出版社有限责任公司	网　　址：http://www.ipph.cn
社　　址：北京市海淀区气象路 50 号院	邮　　编：100081
责编电话：010－82000860 转 8115	责编邮箱：huapxh@sina.com
发行电话：010－82000860 转 8101/8102	发行传真：010－82000893/82005070/82000270
印　　刷：北京建宏印刷有限公司	经　　销：新华书店、各大网上书店及相关专业书店
开　　本：880mm×1230mm　1/32	印　　张：4.375
版　　次：2025 年 8 月第 1 版	印　　次：2025 年 8 月第 1 次印刷
字　　数：105 千字	定　　价：48.00 元
ISBN 978－7－5245－0068－1	

出版权专有　侵权必究
如有印装质量问题，本社负责调换。

目录
CONTENTS

第 1 章　明显不当行政行为司法审查概述 ‖ 001
1.1　明显不当行政行为的概念界定 / 001
1.2　明显不当行政行为的构成要件 / 004
1.3　明显不当行政行为的法律地位 / 005
1.4　明显不当行政行为的法律效力 / 009
1.5　明显不当行政行为的法律后果 / 009
1.6　司法审查对明显不当行政行为的必要性 / 011
1.7　法律规制的路径选择 / 015

第 2 章　我国司法审查的历史考察 ‖ 018
2.1　我国司法审查制度的形成过程 / 018
  2.1.1　清末的司法审查制度 / 018
  2.1.2　民国时期司法审查的发展 / 019
  2.1.3　中国共产党领导下的司法审查制度 / 021
2.2　明显不当行政行为司法审查的演变过程 / 022
  2.2.1　基础阶段：明确行政诉讼受案范围 / 022

  2.2.2 发展阶段：明确行政违法性审查原则 / 023
  2.2.3 成熟阶段：实现审查标准多元化 / 025

第3章 明显不当行政行为司法审查的理论基础 ‖ 027

 3.1 国内研究现状 / 028
 3.2 国外研究现状 / 030
 3.3 合法性与合理性原则概述 / 032
 3.4 明显不当与比例原则 / 034
 3.5 保障基本权利 / 036
 3.6 维护法律权威 / 037
 3.7 促进社会和谐 / 038

第4章 明显不当行政行为与相关概念辨析 ‖ 040

 4.1 明显不当与滥用职权 / 040
 4.2 明显不当与显失公平 / 041
 4.3 明显不当行政行为与行政裁量权 / 042

第5章 "明显不当"审查标准适用类型的界定 ‖ 044

 5.1 明显不当行政行为司法审查的适用 / 044
 5.2 一般违法行为与明显不当行政行为的关系 / 046
 5.3 明显不当行政行为司法审查相关问题探讨 / 050
  5.3.1 对于行政不作为的审查 / 050
  5.3.2 对于不确定法律概念的审查 / 051
  5.3.3 授益行政行为的"明显不当"问题 / 053
 5.4 规范性文件"明显不当"的司法审查 / 053

第6章 明显不当行政行为司法审查现状 ‖ 055

 6.1 司法审查的法律依据 / 055

6.2 司法审查的程序要求 / 058
6.3 明显不当行政行为的审查标准 / 060
  6.3.1 法律标准 / 061
  6.3.2 事实标准 / 062
  6.3.3 程序标准 / 064
6.4 司法审查中存在的问题 / 065
  6.4.1 明显不当行政行为司法审查的功能定位不清 / 065
  6.4.2 "明显不当"审查标准适用范围的泛化 / 069
  6.4.3 明显不当行政行为司法审查标准不明确 / 070
  6.4.4 相关制度衔接不足 / 072
  6.4.5 缺乏对不同情况的区分 / 074
  6.4.6 "明显不当"审查标准的结果不完善 / 075
6.5 典型案例分析——杜某、杜某某与某某镇人民政府行政协议纠纷一案 / 077
  6.5.1 案例简介 / 077
  6.5.2 案件争议焦点 / 080
  6.5.3 法院判决 / 082

第7章 明显不当行政行为司法审查的完善路径 ‖ 087

7.1 明显不当行政行为司法审查的路径 / 088
  7.1.1 程序解决方式 / 088
  7.1.2 实体性解决方式 / 088
  7.1.3 补偿性解决方式 / 089
7.2 明显不当行政行为司法审查的适用原则 / 090
  7.2.1 平等原则 / 090
  7.2.2 目的适当 / 091
  7.2.3 考虑相关因素 / 091
  7.2.4 程序正当原则 / 091

7.2.5　符合社会价值标准 / 092
7.3　明确司法审查的标准 / 092
   7.3.1　审查标准的具体化 / 092
   7.3.2　审查标准的合理性 / 094
7.4　扩大对行政处罚行为的审查 / 096
7.5　改变审查模式 / 097
7.6　增设听证环节 / 098
7.7　优化司法审查程序 / 099
7.8　强化司法审查的监督机制 / 103
7.9　确立公权力正当性审查原则 / 107
7.10　强化行政机关的法律责任 / 108

第8章　结论与建议 ‖ 110

8.1　研究总结 / 110
   8.1.1　明显不当行政行为的司法审查的理论价值 / 110
   8.1.2　明显不当行政行为的司法审查的实践意义 / 112
8.2　研究建议 / 115
   8.2.1　对立法机关的建议 / 115
   8.2.2　对司法机关的建议 / 117
   8.2.3　对行政机关的建议 / 120
8.3　研究展望 / 122
   8.3.1　司法审查制度的发展趋势 / 122
   8.3.2　司法审查与法治国家建设的关系 / 125
8.4　不足之处 / 127

参考文献　‖ 129

第1章
明显不当行政行为司法审查概述

1.1 明显不当行政行为的概念界定

2014年修正的《中华人民共和国行政诉讼法》（以下简称《行政诉讼法》）第七十条增加了"明显不当"的相关规定。作为对行政裁量的一种控制标准，"明显不当"行政行为司法审查不仅是行政行为合理性审查的重要途径，而且是平衡行政权与司法权的重要方式。

明显不当行政行为是指行政机关在行使行政权力时，其行为虽然在形式上符合法律规定，但在实质上明显违背了法律的目的、原则或社会公共利益，且这种不当性达到了显著程度。这一概念的核心在于"明显不当"的界定，即行政行为不仅存在瑕疵，而且达到了显而易见的程度。这种行为不仅直接侵犯了公民、法人或其他组织的合法权益，而且在公众眼中被认为是不合理的、错误的或者是没有必要的。根据《行政诉讼法》第七十条的规定，明显不当行政行为属于可撤销的行政行为范畴，但其与一般违法行为存在本质区别。一般违法行为通常是指行政行为在形式或程序上违反了法律的明确规定，而明显不当行政行为则更多地关注行政行为在实质上的不合理性。在司法实践中，判断一个行政行为是否构成明显不当，通常需要从行为的合理性、适当性以及是否符合法律目的等维度进行综合考量。从法律特征来看，明显不当行政行为具有主观性和客观性双重属性。主观性体现在行政机关在作出行为时可能存在滥用职权或显失公正的故意或过失，而客观性则表现为行为结果与法律目的或社会公共利益明显背离。在构成要件上，明显不当行政行为需要满足主体要件、行为要件和结果要件。主体要件要求行为主体必须是具有行政职权的行政机关或其工作人员；行为要件要求该行为必须是行使行政职权的具体行政行为；结果要件则要求该行为必须产生明显不当的法律后果。从法律效力来看，明显不当行政行为通常属于可撤销的行政行为，但在特定情况下也可能导致行为无效。从司法审查的角度来看，"明显不当"并不单纯是指行为的客观不合理性，更强调这种不适当性是否足以触发法律干预。这意味着，除了考察行政行为的客观效果，还需要综合考虑行为的目的、手段及其对各方利益的影响。如果一种行为虽然在特定情况下可能具有合理性，但站在公共利益和法律公平的高度来看，仍然可以判定为明显不当。在司法审查中，法院需要对明显不当行政行为进行全面审查，包括审查行为的合法性、合理性以及是否符合比例原则等。值得注意的是，明显不当行政行为的认定标准在司法实践中仍然存在一定争议，这主要体现在对"明显"程度的把握上。不同法院在具体案件中可能对"明显"有不同的理解，这导致司法审查标准存在一定的不确定性。因此，在理论研究和司法实践中，如何进一步明确明显不当行政行为的认定标准，成为亟待解决的重要问题。明显不当行政行为在司法审查中的不确定性，对行政相对人的权益保障和法律适用的一致性构成了挑战。

明显不当行政行为的司法审查应包含行政机关在行使自由裁量权过程中所作出的严重不合理的行政行为，这是由于行政机关在执法过程中不仅要遵循法律授权的规范，同时要受到来自授权规范背后的价值体系的指导。但是作为一种不确定法律概念，我国立法机关及司法机关也并未对"明显不当"概念的内涵、外延以及认定标准作出明确规定。"明显不当"审查标准是行政合理性原则在司法实践中的具体适用，不断扩张的行政合理性原则影响着明显不当行政行为审查的范围。对行政合理性原则的理解不仅体现在行政行为的内容上，还应包括与行政目的、法律精神以及行政法的一般原理是否相符。在学术界和实务界，对"明显不当"的界定存在一定的争议。一方面，需要明确哪些标准应当被用来判断一个行政行为是否显著偏离正常或合理的轨道；另一方面，涉及这些标准如何与既有的法律规范相协调的问题。因此，对于"明显不当"这一概念的理解，通常包括以下几个方面的考量：一是法律标准，是指行政行为是否违反现行法律法规，以及在现有法律框架下是否能够得到充分解释和合理化的说明。二是事实标准，即使行政行为按照其依据的事实来看符合法律规定，但如果其依据的事实严重失真或不存在，该行为同样可以被视为明显不当。三是程序标准，任何程序上的疏忽或不遵循正当程序原则的行为，尤其是当这些疏忽或不遵循导致结果明显不合理时，亦可认为是明显不当。值得注意的是，"明显不当"不仅是一种评价标准，还经常被作为法院作出撤销或变更具体行政行为的重要理由。换言之，一旦某个行政行为被判定为明显不当，就有可能被上级行政机关撤销或由法院命令行政机关纠正。我国在明显不当行政行为司法审查实践中存在适用范围泛化、司法审查标准不明确、相关制度衔接不足以及司法审查结果不完善等问题，本书通过立法原意来探求其在实践中的内涵和外延，用于厘清"明显不当"的具体标准，并以此审视理论界对于"明显不当"审查认定标准的不同观点。

1.2 明显不当行政行为的构成要件

明显不当行政行为的构成要件是判断某一行政行为是否明显不当的核心要素。根据行政法学理论和司法实践，明显不当行政行为的构成要件主要包括行为主体、行为内容、行为程序和行为结果四个方面。行为主体方面，明显不当行政行为必须是由具有行政职权的行政机关或其工作人员作出的，且该主体在作出行为时具有相应的行政裁量权。行为内容方面，明显不当行政行为通常表现为行政行为的内容与法律目的、行政目的或社会公共利益明显相悖，或者行政行为的内容明显缺乏合理性，超出了正常行政裁量的范围。行为程序方面，明显不当行政行为的作出程序可能存在重大瑕疵，如未依法履行必要的听证程序、未充分听取相对人的意见等，这些程序上的瑕疵可能导致行政行为的不当性更加明显。行为结果方面，明显不当行政行为通常会对行政相对人的权益或社会公共利益造成严重损害，这种损害可能是直接的、明显的，也可能是潜在的、长期的。在司法审查中，法院通常会综合考虑这四个方面的要件，以判断行政行为是否构成明显不当。例如，在某一行政处罚案件中，如果行政机关在作出处罚决定时未考虑相关证据，且处罚结果明显过重，超出了合理范围，法院可能会认定该处罚决定构成明显不当。此外，明显不当行政行为的构成要件还需要结合具体案件的具体情况进行判断，不能简单地套用一般标准。在司法实践中，法院通常会根据案件的具体情况，综合考虑行政行为的各个方面，以作出公正的裁判。因此，明确明显不当行政行为的构成要件不仅有助于行政机关在作出行政行为时更加谨慎，也有助于法院在司法审查中更加准确地判断行政行为是否构成明显不当，从而更好地保护行政相对人的合法权益，维护社会公共利益。对明显不当行政行为的构成要件进行分析，对于确保行政行为的合法性和合理性具有重要作用。行为主体方面，具有行政职权的行政机关或其工作人员在何种情况下可以被认定具有相应的行政裁量权，这涉及对行政裁量权的界定和范围的具体分析，以及在何种情况下，行政机关的自由裁量权应当受到限制。行为内容方面，除了考虑行政行为内容与法律目的、行政目的或社会公共利益是否相悖，还应深入探讨如何界定"明显缺乏合理性"的标准问题。这需要通过具体案例分析，明确在哪些情况下行政行为的内容可以被认定为缺乏合理性，以及如何权衡行政行为的合理性与行政裁量权的边界。行为程序方面，除了听证程序和听取相对人意见，还应关注其他可能影响行政行为正当性的程序问题。例如，行政机关在作出决定前是否进行了充分的调查和研究，是否遵循了相关法律法规中规定的程序要求，以及是否存在故意规避程序的行为。行为结果方面，除了考虑对行政相对人或社会公共利益造成的直接和潜在损害，还应关注行政行为的长远影响。某些行政行为可能在短期内看似合理，但长期来看可能会对社会秩序和公共利益造成不利影响。因此，评估行政行为的结果时，应采取一种前瞻性的视角。

1.3 明显不当行政行为的法律地位

明显不当行政行为作为一种不确定法律概念，《行政诉讼法》

并未对"明显不当"进行明确解释。因此在司法实践中对于行政行为是否构成"明显不当",法院具有较大的司法裁量权。同时,理论界对于行政行为是否构成明显不当的认定标准也并未形成统一意见,比如在认定标准上存在主观与客观之争。主观标准说主张以行政机关的主观意图为核心,强调是否存在"滥用职权"或"恶意"。例如,周佑勇提出需结合"主观恶意+客观显失公正"双重标准,区分"明显不当"与"滥用职权"[1]。于洋则认为,合理性审查应避免过度主观化,防止司法权不当干预行政裁量[2]。在审查强度上存在形式合法与实质合法的分歧。传统观点认为,"明显不当"属于合理性范畴,但全国人大常委会法工委将其解释为"实质合法性"的延伸,即严重不合理即违法。全国人大常委会法制工作委员会编著的《中华人民共和国行政诉讼法释义》以及《中华人民共和国行政诉讼法解读》等读本中称,《行政诉讼法》修改"在坚持合法性审查原则的前提下,对合法性原则的内涵作了扩大解释",将明显不当的行政行为也作为违法行为。[3][4]何海波指出,新《行政诉讼法》将"明显不当"纳入撤销事由,实质是扩大了合法性审查的内涵。[5]

  明显不当行政行为作为行政法领域的重要概念,其法律地位在理论和实践中均具有特殊意义。从法律性质来看,明显不当行政行为既不同于合法行政行为,也区别于一般违法行政行为,而是处于两者之间的特殊类型。根据《行政诉讼法》第七十条的规定,明显不当行政行为属于可撤销的具体行政行为范畴,这为其法律地位的确定提供了基本依据。在司法实践中,最高人民法院通过司法解释进一步明确了明显不当行政行为的法律地位,将其界定为"虽未违反法律明文规定,但明显违背法律原则、立法目的或社会公序良俗的行政行为"。从法律效力角度分析,明显不当行政行为具有相对无效性。这种相对无效性体现在：其一，行政行为在未被司法机关撤销前仍具有形式上的效力；其二，行政相对人有权通过行政复议或行政诉讼途径主张该行为无效；其三，行政机关在发现行政行为明显不当时，可以依职权予以撤销或变更。这种效力状态既维护了行政行为的公定力，又为行政相对人提供了必要的救济途径。

在行政法律体系中，明显不当行政行为的法律地位具有双重性。一方面，它作为行政裁量权行使的边界，体现了对行政自由裁量权的必要限制；另一方面，它作为司法审查的重要对象，反映了司法权对行政权的监督功能。这种双重性决定了明显不当行政行为在行政法治建设中的特殊作用：既是对行政权力滥用的防范，也是对行政相对人权益的保障。从法律规制层面看，明显不当行政行为的法律地位还体现在其独特的救济机制上。与一般违法行政行为不同，明显不当行政行为的救济不仅包括撤销、变更等传统方式，还包括确认无效、责令重作等特殊方式。这种多元化的救济机制反映了立法者对明显不当行政行为特殊性的认识，也为司法机关处理此类案件提供了更灵活的选择空间。在行政法理论体系中，明显不当行政行为的法律地位还体现在其与比例原则、合理性原则等行政法基本原则的密切联系上。这些原则为判断行政行为是否构成明显不当提供了重要标准，也为司法机关审查此类行政行为是否构成明显不当提供了理论支撑。通过将明显不当行政行为纳入司法审查范围，实现了行政法基本原则从理论到实践的转化，推动了行政法治的深化发展。明显不当行政行为的法律地位还体现在其对行政程序法的特殊要求上。在程序正义理念下，明显不当行政行为的认定不仅要考虑实体结果，还要关注行政程序的正当性。这种双重审查标准使得明显不当行政行为的法律地位更加复杂，也对其司法审查提出了更高的要求。通过程序与实体的双重审查，既确保了行政行为的合法性，又维护了行政相对人的程序性权利。

明显不当行政行为的法律地位还在不断演进中。随着行政法治建设的推进和司法审查制度的完善，明显不当行政行为的认定标准、审查程序和法律后果等方面都在不断发展和完善。这种动态发展的法律地位反映了行政法治理念的深化，也体现了司法机关在处理行政争议中的创新与探索。明显不当行政行为作为行政法领域的一个重要概念，其法律地位在理论和实践中均具有特殊意义。此类行为虽未违反法律明文规定，但其明显违背法律原则、立法目的或社会公序良俗。在法律效力上，明显不当行政行为具有相对无效性，对其进行司法审查既维护了行政行为的公定力，又为行政相对人提供了必要的救济途径。明显不当行政行为的法律地位在行政法律体系中具有双重性，其既是对行政自由裁量权的限制，也是司法权对行政权的监督。其独特的救济机制，如确认无效、责令重作等方式，反映了立法者对此类行为特殊性的认识。同时，明显不当行政行为与比例原则、合理性原则等行政法基本原则的密切联系，为判断其是否构成明显不当提供了重要标准。在程序正义理念下，明显不当行政行为的认定需同时关注实体结果和行政程序的正当性。此外，随着行政法治建设的推进和司法审查制度的完善，明显不当行政行为的法律地位仍在不断演进，这体现在认定标准、审查程序和法律后果等方面的不断完善。"明显不当"司法审查标准要根据立法原意来探求其在实践中的内涵和外延，用于厘清其具体标准，并以此审视理论界对于"明显不当"审查认定标准的不同之处，明确学者对于该标准认定的争论点，从而更有利于研究"明显不当"标准的认定。

1.4 明显不当行政行为的法律效力

明显不当行政行为的效力状态在司法审查中具有特殊性和复杂性，其效力待定与效力终止的区分直接关系到司法审查的启动与实施。效力待定状态通常发生在行政行为作出后至司法审查程序启动前，此时，行政行为的法律效力处于不确定状态。根据《行政诉讼法》的相关规定，行政行为在被法院判决撤销或确认违法前，其效力仍然存在，但这种存在是暂时的、可被推翻的。效力待定状态下的行政行为，虽然具有形式上的效力，但其合法性受到质疑，行政机关在此时应当谨慎执行该行为，避免造成更大的损害。

效力终止是指行政行为因司法审查被确认违法或撤销后，其法律效力归于消灭。效力终止具有溯及力，即行政行为自始无效。这种效力终止不仅意味着该行政行为对当事人不再具有约束力，还意味着行政机关应当采取补救措施，恢复原状或赔偿损失。效力终止的法律后果不仅限于个案，还对行政机关的后续行为产生警示作用，促使其在作出行政行为时更加审慎。效力待定与效力终止的区分在司法实践中具有重要意义。效力待定状态为当事人提供了寻求司法救济的机会，同时也为行政机关提供了自我纠正的可能。而效力终止则是司法审查的最终结果，体现了司法权对行政权的监督和制约。在实践中，法院在处理明显不当行政行为时，需要准确把握效力待定与效力终止的界限，既要保障当事人的合法权益，又要维护行政行为的稳定性。

1.5 明显不当行政行为的法律后果

明显不当行政行为一旦被确认，将产生一系列法律后果，这些后果不仅影响行政行为的效力，还可能引发行政主体的法律责任。根据《行政诉讼法》第七十条的规定，行政行为明显不当的，人民法院可以判决撤销或者部分撤销，并可以判决被告重新作出行政行为。这种撤销判决不仅使原行政行为失去法律效力，还可能要求行政机关重新作出合法、合理的行政行为，以确保行政相对人的合法权益得到保障。此外，明显不当行政行为还可能导致行政机关承担赔偿责任。根据《中华人民共和国国家赔偿法》（以下简称《国家赔偿法》）第二条规定，行政机关及其工作人员在行使职权时侵犯公民、法人或者其他组织合法权益造成损害的，受害人有取得国家赔偿的权利。因此，明显不当行政行为若对行政相对人造成实际损害，行政机关需依法承担赔偿责任。明显不当行政行为还可能影响行政机关的公信力和权威性。行政机关作为国家权力的执行者，其行为的合法性与合理性直接关系到公众对政府的信任。一旦行政行为被认定为明显不当，公众对行政机关的信任度将受到严重影响，进而影响政府的整体形象和治理效能。

从行政相对人的角度来看，明显不当行政行为的法律后果主要体现在其合法权益的恢复与救济上。行政相对人可以通过行政诉讼、行政复议等途径，要求撤销明显不当的行政行为，并获得相应的赔偿或补偿。这种救济机制不仅保障了行政相对人的合法权益，也体现了法律对行政权力的监督与制约。此外，明显不当行政行为的法律后果还可能涉及其他相关法律责任的追究。例如，若明显不当行政行为涉及滥用职权、徇私舞弊等违法行为，相关责任人还可能面临刑事责任的追究。明显不当行政行为的法律后果是多方面的，既包括行政行为的效力终止、行政机关的法律责任，也涉及行政相对人的权益救济与行政机关的公信力维护。这些法律后果的存在不仅体现了法律对行政权力的监督与制约，也为行政相对人提供了有效的法律救济途径。通过明确明显不当行政行为的法律后果，可以进一步规范行政机关的行政行为，促进行政法治的实现。明显不当行政行为对行政相对人造成的损害，不仅限于物质层面，还可能涉及精神损害。在现有的法律框架下，对于精神损害赔偿的规定尚不完善，随着法治进程的推进，对于明显不当行政行为造成的非物质损害，法律救济也在逐步完善。

对于行政机关而言，除了承担赔偿责任和对公务员给予处分外，还可能面临声誉损失和内部管理的问题。不当行政行为可能导致公众对整个行政系统的信任危机，增加行政管理的难度。同时，内部监督机制的缺失或不足，也可能导致类似不当行为的重复发生，影响行政效率和质量。应当加强对行政机关的内部控制和外部监督，建立完善的预防机制。这包括但不限于对行政人员进行专业培训，提高其依法行政的能力；建立健全行政决策程序，防止不当行政行为的发生；完善行政责任追究制度，确保违法行政行为能够得到及时纠正。

1.6 司法审查对明显不当行政行为的必要性

明显不当行政行为的存在对法治秩序和公民权益构成了潜在威胁，其法律规制的必要性主要体现在以下几个方面：从法治原则的角度来看，行政行为的合法性、合理性是依法行政的基本要求。根据《行政诉讼法》第七十条的规定，行政行为明显不当的，人民法院应当判决撤销或者部分撤销。这一规定为司法审查提供了明确的法律依据，同时也凸显了法律规制的重要性。从权利保护的角度分析，明显不当行政行为往往会对行政相对人的合法权益造成实质性损害。例如，在行政处罚领域，行政机关如果作出明显不当的处罚决定，不仅会影响行政相对人的财产权，还可能侵犯其人格权等基本权利。从行政效率的维度考量，缺乏有效的法律规制可能导致行政资源的浪费和行政效率的降低。实践中，由于缺乏明确的法律规制标准，行政机关在作出行政行为时可能出现滥用裁量权的情况，这不仅增加了行政成本，也影响了行政效能。从司法实践的需求出发，法律规制能够为司法机关提供明确的审查标准。法院在审查行政行为时应当综合考虑行政行为的目的、手段、结果等因素，这需要以完善的法律规制为基础。从社会公平正义的视角观察，法律规制有助于维护社会公平正义。明显不当行政行为往往会导致行政相对人之间的不公平待遇，通过法律规制可以确保行政行为的公正性和一致性。从国际法治发展趋势来看，完善对明显不当行政行为的法律规制也是与国际法治接轨的必然要求。许多法治发达国家都建立了完善的行政裁量权规制机制，这为我国提供了有益的借鉴。从法律体系完整性的角度考虑，法律规制是完善行政法律体系的重要组成部分。通过制定明确的法律规范，可以填补现行法律制度的空白，提高法律的可操作性和可预见性。从风险防控层面分析，法律规制有助于预防和化解行政法律风险。通过建立事前预防、事中控制和事后救济相结合的法律规制机制，可以有效降低明显不当行政行为的发生概率。从行政法治建设的维度思考，法律规制是推进依法行政、建设法治政府的重要保障。通过完善法律规制，可以促进行政机关依法行使职权，提高行政行为的合法性和合理性。从司法救济的实效性角度考虑，法律规制能够增强司法救济的有效性。在现行法律框架下，通过明确法律规制的具体内容和标准，可以为行政相对人提供更加有效的司法救济途径。从法律实施效果的角度观察，法律规制有助于提高法律实施的效果。通过建立完善的法律规制机制，可以确保法律得到正确实施，维护法律的权威性和严肃性。从法律教育功能的角度分析，法律规制具有重要的教育功能。通过明确的法律规制，可以教育行政机关及其工作人员依法行使职权，增强其法律意识和法治素养。从法律监督的维度思考，法律规制是加强法律监督的重要手段。通过建立完善的法律规制机制，可以强化对行政行为的监督，确保行政行为合法、合理。从法律发展的视角观察，法律规制是推动法律发展的重要动力。通过不断完善法律规制，可以促进法律的进步和发展，提高法律的适应性和前瞻性。从法律实施的统一性角度考虑，法律规制有助于实现法律实施的统一性。通过制定明确的法律规范，可以确保法律在全国范围内得到统一实施，维护法律的统一性和权威性。从法律效力的维度分析，法律规制是法律效力的重要保障。通过建立完善的法律规制机制，可以确保法律得到有效实施，维护法律的效力和权威。从法律实施的公正性角度观察，法律规制有助于实现法律实施的公正性。通过制定明确的法律规范，可以确保法律得到公正实施，维护法律的公正性和权威性。从法律实施的效率角度分析，法律规制有助于提高法律实施的效率。通过建立完善的法律规制机制，可以确保法律得到高效实施，提高法律实施的效率和效果。司法审查作为行政法治的重要保障机制，对明显不当行政行为的监督具有不可替代的作用。从权力制衡的角度来看，行政权具有天然的扩张性，若无有效的司法监督，极易导致权力滥用。明显不当行政行为虽然未达到违法程度，但其违背了行政合理性原则，损害了行政相对人的合法权益，若不加以规制，将严重影响行政公信力。从权利救济的视角分析，司法审查为行政相对人提供了有效的救济途径。在行政实践中，行政机关往往处于优势地位，行政相对人难以通过行政系统内部监督获得有效救济。司法审查通过独立的第三方介入，能够更加客观公正地判断行政行为是否明显不当，为相对人提供平等的救济机会。司法审查对明显不当行政行为的规制有助于推动依法行政。通过司法审查，可以促使行政机关在行使裁量权时更加审慎，避免出现明显不合理的情形。同时，司法审查的案例积累也为行政机关提供了行为指引，有助于形成统一的执法标准。近年来，全国法院审结的明显不当行政行为案件数量呈逐年上升趋势，反映出司法审查在规范行政行为方面发挥着越来越重要的作用。

司法审查对明显不当行政行为的必要性还体现在其独特的制度优势上。相较于行政系统内部监督，司法审查具有更强的独立性和专业性，其能够更客观地判断行政行为是否明显不当。同时，司法审查的终局性也确保了争议的最终解决，避免了行政纠纷久拖不决。此外，司法审查的公开性和透明性也有助于提升行政行为的公信力，促进法治政府建设。在我国法治进程中，司法审查对明显不当行政行为的监督不仅是一种法律制度安排，更是法治精神的具体体现。通过司法审查，能够有效纠正行政机关的不当行为，保障公民的合法权益不受侵犯。在此过程中，司法审查的独立性和公正性显得尤为重要。

法院在审理案件时，不仅关注行政行为是否合法，更深入地探究其是否合理、适度。如在琼海中影电影城有限公司与琼海市市场监督管理局二审行政纠纷案[（2020）琼96行终106号]中，尽管琼海市市场监督管理局已经根据情节酌处琼海中影电影城有限公司广告违法行为法定幅度内的最低罚款20万元（法定幅度为20万—100万元），但二审法院依然认为行政相对人及时中止违法行为，且其违法行为并未存在故意欺骗、误导消费者的情形，其违法行为客观上对市场秩序的扰乱程度较为轻微。对于该违法行为，既要予以惩戒，又要坚持保护小微民营企业发展，同时也应过罚相当,以起到教育作用。综合考量后认为处以 20 万元罚款,在处罚数额的裁量上明显不当,直接将处罚数额变更为 5 万元。这种深度的审查不仅有助于纠正单个不当行为,还能对行政机关产生长远的规范效应。

随着社会的不断发展,社会关系越来越复杂,行政机关权力的不断扩张也就变得水到渠成。扩张之后的行政权力在未形成与之配套的控制机制的情况下,出现了行政机关作出的行政行为侵犯私人利益的情况。同时,在某些特定的领域内,许多行政机关在不当行使行政权力的情况下,未能有效履行维护公共利益的职责。而传统的司法审查模式被局限于对行政行为合法性的判断,不足以保障受到影响的利益主体获得公平对待。首先,随着新《行政诉讼法》的颁布,"明显不当"作为对行政行为司法审查的标准之一,新《行政诉讼法》明确了司法机关对行政机关行政行为的司法审查依据。其次,"明显不当"这一司法审查标准的设立,为行政机关作出行政行为提供了指引,其要求行政机关在作出行政行为的过程中考虑相关因素、排除不相关因素的干扰,详尽说明理由,保证行政机关作出的具有相同或相似情形的行政行为能够前后一致。最后,公正作为司法判决的核心价值之一,"明显不当"的司法审查标准不仅体现了对私人利益的保障,而且要确保广大受到影响的利益主体得到公平对待。司法审查在维护法治、保障公民权利方面发挥着至关重要的作用。通过不断的实践探索和制度完善,我国司法审查制度将更加成熟,为构建更加公正、透明的法治环境奠定坚实基础。

1.7 法律规制的路径选择

在明显不当行政行为的法律规制路径选择中,应当从立法、司法和行政三个层面进行系统性构建。

从立法层面来看，需要进一步完善《行政诉讼法》及相关法律法规，明确"明显不当"的具体判断标准。根据《行政诉讼法》第七十条的规定，明显不当行政行为应当包括但不限于以下几种情形：行政裁量明显超出合理范围、行政行为与事实明显不符、行政行为违反比例原则、行政行为明显违背公序良俗等。同时，建议在立法中引入"明显不当"的量化标准，如规定行政裁量超过合理范围30%即可认定为明显不当。

从司法层面来看，应当建立多层次的审查标准体系。第一层次是形式审查，主要审查行政行为是否符合法定程序和形式要件；第二层次是实质审查，重点审查行政行为的事实依据和法律适用是否合理；第三层次是合理性审查，主要从比例原则、平等原则等角度进行审查。此外，还应当建立典型案例指导制度，通过最高人民法院发布指导性案例，统一司法裁判尺度。在司法实践中，可以参考德国行政法中的"明显性理论"，即只有当行政行为的不当性达到"明显"程度时，法院才能予以撤销或变更。

从行政层面来看，应当建立健全行政机关内部监督机制。建议在各级行政机关设立专门的行政行为审查委员会，对重大行政决策和具体行政行为进行事前审查和事后评估。同时，应当完善行政复议制度，将明显不当行政行为纳入行政复议的审查范围。在行政执法过程中，应当建立行政裁量基准制度，通过制定具体的裁量标准，规范行政裁量权的行使。此外，还应当加强对行政机关工作人员的法治培训，提高其对"明显不当"行为的识别和防范能力。

在监督机制方面，应当构建多元化的监督体系。除了传统的司法审查和行政复议，还应当充分发挥人大监督、政协监督、社会监督和舆论监督的作用。建议建立对明显不当行政行为的举报制度，鼓励公民、法人和其他组织对明显不当行政行为进行举报。同时，应当完善行政问责制度，对实施明显不当行政行为的相关责任人进行严肃问责。在具体操作层面，可以参考日本行政法中的"行政指导"制度，通过非强制性的行政指导方式，预防和纠正明显不当行政行为。

在技术手段方面，应当充分利用大数据、人工智能等现代信息技术，建立行政行为智能审查系统。通过构建行政裁量数据库和典型案例库，实现对行政行为的智能分析和风险预警。同时，应当建立行政行为的公开透明机制，通过政府信息公开平台，及时公布行政决策和执法信息，接受社会监督。在具体实施过程中，确保行政行为的全过程公开透明。

在配套措施方面，应当建立健全行政补偿和赔偿制度。对于因明显不当行政行为给行政相对人造成损害的，应当依法给予补偿或赔偿。同时，应当完善行政和解制度，通过协商和解的方式，及时纠正明显不当行政行为，减少行政争议。通过签订行政合同的方式，规范行政机关的行政行为，预防明显不当行为的发生。

明显不当行政行为的法律规制需要从立法、司法和行政等层面进行系统性构建，通过完善法律制度、健全监督机制、创新技术手段和强化配套措施，形成全方位、多层次的规制体系，切实保障行政相对人的合法权益，维护社会公平正义。

第2章
我国司法审查的历史考察

2.1 我国司法审查制度的形成过程

2.1.1 清末的司法审查制度

清末,中国的司法审查制度经历了从传统向现代的转变过程。这一时期,随着西方法律思想和制度的引入,中国的司法体系开始逐步建立,特别是对行政行为的司法审查机制也有了初步的探索和实践。清政府于1906年将大理寺改组为大理院,专职审判。同年拟定了《行政裁判院官制草案》,试图仿效大陆法系的行政诉讼模式建立二元制的司法体制。[6]

在这一阶段,中国主要通过引进和吸收西方的法律体系与司法制度来推动本国的司法审查制度。其中,最重要的变化之一是确立了行政诉讼制度,允许公民对政府的不当行政行为提起诉讼,从而对行政行为进行司法审查。此外,还建立了较为完善的行政复议制度,为公民提供了寻求救济的途径。

这一时期,虽然司法审查制度的建立和发展受到了诸多限制，如政治动荡、经济落后等，但总体上还是取得了一定的进展。例如，通过引进和学习西方的法律体系和司法制度，中国开始尝试建立起一套司法审查机制，这为后来的司法审查制度奠定了基础。

然而，这一时期的司法审查制度仍然存在许多不足之处。一方面，受到传统文化和政治体制的影响，司法独立性不强，法官和行政机关之间的关系复杂，导致司法审查的效果有限；另一方面，由于缺乏有效的法律监督和制约机制，一些行政行为仍然存在明显的不当性，未能得到及时有效的纠正。

总的来说，清末是中国司法审查制度发展的重要阶段，虽然当时面临着诸多困难和挑战，但通过引进和吸收西方的法律体系和司法制度，为后来司法审查制度的发展奠定了基础。尽管这一时期的司法审查制度仍存在诸多不足，但它为中国的法治建设提供了宝贵的经验和教训。

2.1.2 民国时期司法审查的发展

中国近代行政诉讼法制在北洋政府统治时期正式确立。1911年同盟会领袖宋教仁为鄂州军政府起草的《鄂州临时约法》就将提起行政诉讼规定为公民的基本权利。[7]随着中华民国南京临时政府成立在即，宋教仁又起草了《中华民国临时政府组织法草案》，明确提出设立平政院作为行政诉讼的审判机构。[8]中国近代行政诉讼法制在南京国民政府时期获得继承和发展。1931年南京国民政府公布的《中华民国诉愿法》继承了北洋政府的行政诉愿（复议）制度。在此基础上，1932年11月17日，南京国民政府公布《中华民国行政诉讼法》和《中华民国行政法院组织法》，确立了基本的行政诉讼制度和审判组织，也成为国民党政府"六法"的组成部分。[9]民国时期，行政行为司法审查机制在中国法律体系中逐步发展。这一时期的法制改革与现代化探索,为我国现代司法审查制度的建立奠定了基础。此时,司法审查主要体现在对行政行为合法性和适当性的监督上,通过法官对行政机关具体行政行为的审理,实现了法律对权力的制约。一是法律框架的构建。国民政府通过制定一系列法规,如《中华民国刑事诉讼法》《中华民国民事诉讼法》等,为司法审查提供了法律依据。这些法规明确指出了在何种情况下司法机关有权对行政行为进行审查,从而保障了公民的合法权益不受非法行政行为的侵害。二是审查机构的设立。随着法律的完善,相应的司法审查机构也逐渐形成。最高法院作为最高的司法审查机构,负责对下级法院作出的重大判决和行政裁决进行审查,确保了司法公正和法律的统一适用。三是审查标准的确立。在司法实践中,法院逐渐确立了一套较为系统的司法审查标准。这些标准不仅要求行政行为符合法律规定,而且要求行政机关的行为具备合理性和适当性。此外,法院还注重审查程序是否合法,以防止行政机关滥用职权或不正当行使权力。四是独立审查原则的强调,民国时期,独立审查原则得到了进一步的重视。这要求司法机关在进行司法审查时,应坚持独立审判的原则,不受其他任何机关和个人的非法干涉,以保证司法审查的公正性。五是司法实践的拓展,除了传统的行政诉讼外,民国时期还出现了诸如公益诉讼、环境保护诉讼等新型司法审查形式。这些新兴的司法审查领域,拓展了司法审查的功能范围,有助于更全面地保护公民权利和社会公共利益。六是公民参与机制的引入,为了增强司法审查的透明度和公信力,国民政府开始尝试引入公民参与机制。例如,在某些重要案件的审理过程中,允许公民旁听庭审,并提供意见和建议,以此促进司法审查的民主化和公开化。

民国时期司法审查的发展,不仅丰富了中国法律体系的内容,也为之后的司法审查制度建设提供了宝贵的经验。尽管面临诸多挑战和限制,但这一时期的司法审查实践为我国现代司法审查制度的建立和发展奠定了坚实的基础。通过回顾这段历史,可以更好地理解当前我国司法审查制度的形成过程及其面临的挑战,从而为今后的改革与发展提供借鉴和启示。

2.1.3 中华人民共和国成立后的行政行为司法审查制度

在中国共产党的领导下,司法审查制度的发展经历了一系列的变革和进步。自中华人民共和国成立以来,特别是改革开放以后,这一领域获得了前所未有的发展机遇,既积累了丰富的实践经验,也探索出了一条符合国情的发展道路。

在中华人民共和国成立初期,中国的司法审查制度初步建立,但由于历史原因和国家总体发展目标的限制,司法审查活动主要局限于法院内部对判决执行情况的监督,对外部行政机关的直接司法审查力度相对较小。这一时期的司法审查更多地体现了对行政权力的尊重和保护,强调行政效率和经济建设的重要性。

进入20世纪80年代,随着社会主义市场经济体制的逐步确立,对政府行政行为有效监督的需求日益增长。在此背景下,我国开始加大对行政行为的司法审查力度,通过修改相关法律,明确了人民法院对行政机关行政行为的审查权,这对于规范行政行为、保护公民合法权益具有重要意义。

20世纪90年代至今,中国的司法审查制度得到了进一步的完善和发展。《行政诉讼法》的颁布实施,标志着我国行政诉讼制度步入了一个新的阶段,行政案件的受理范围、审查标准以及程序等都得到了明确和完善。特别是在2014年修正的《行政诉讼法》中,明确规定了行政机关及其工作人员是否履行法定职责等内容,大大增强了司法审查的针对性和有效性。

近年来，我国还注重加强对行政违法行为的追责和惩处，建立健全了行政过错追究制度，这不仅提高了行政机关依法行政的积极性，也为公民和组织提供了更为有力的救济途径。

在中国共产党领导下的司法审查实践中，始终坚持人民至上的原则，强调司法审查不仅要保障个人和组织的合法权益，还要促进社会公平正义，推动法治社会的构建。通过不断完善和创新司法审查机制，为实现国家治理体系和治理能力现代化提供了坚实的法律基础和制度保障。司法审查制度在过去几十年间经历了从起步到成熟的过程，尤其是在当前全面依法治国的新时代背景下，司法审查的作用越发凸显。通过不断优化司法审查机制，加强对行政权力的制约与监督，不仅有效维护了公民、法人和其他组织的合法权益，也促进了司法公正和社会公平正义，为中国特色社会主义法治体系的构建作出了重要贡献。未来，随着法治国家、法治政府和法治社会建设进程的深入，司法审查制度有望继续得到优化和深化，更好地发挥其应有的作用。

2.2　明显不当行政行为司法审查的演变过程

2.2.1　基础阶段：明确行政诉讼受案范围

在探讨我国明显不当行政行为司法审查的历史考察中，基础阶段的明定行政诉讼受案范围是关键的一环。这一阶段主要指的是从法律层面明确哪些行政行为可以被提起诉讼，以及如何通过司法审查来纠正这些不当行为。随着法律制度的逐步完善，行政诉讼受案范围的界定也经历了从最初的模糊到逐渐清晰的过程。在这一阶段，我国通过一系列法律法规的颁布和修订，明确了行政诉讼的受案范围，为后续的司法审查提供了法律依据。例如，《行政诉讼法》的颁布实施，标志着我国正式确立了行政诉讼制度，其规定公民、法人或者其他组织认为行政机关及其工作人员的具体行政行为侵犯其合法权益时，有权提起行政诉讼。1989年《中华人民共和国行政诉讼法》颁布，确立行政诉讼制度，扩大受案范围。2000年发布了《最高人民法院关于适用〈中华人民共和国行政诉讼法〉若干问题的解释》，详细解释了行政诉讼法的具体应用和操作细节，包括受案范围、管辖、起诉期限等内容。2009年对《中华人民共和国行政复议法》进行第一次修正，明晰了行政复议与行政诉讼的界限。2014年对《中华人民共和国行政诉讼法》进行的修正，扩大了行政诉讼受案范围，加大了司法审查力度。自《中华人民共和国行政诉讼法》颁布以来，我国不断通过立法和司法解释的方式，对行政诉讼受案范围进行调整和扩大，旨在更好地保护公民、法人和其他组织的合法权益，促进法治政府建设。

此外，随着社会的发展和人民权利意识的提高，公众对于行政行为的正当性和合法性的要求越来越高，这促使我国在行政诉讼受案范围上做出更加全面和细致的规定。例如，近年来，我国对涉及公共利益的重大行政决策、行政处罚等行为的司法审查力度不断加大，这体现了司法机关对维护社会公平正义的坚定立场。明定行政诉讼受案范围，是我国行政诉讼制度发展的重要里程碑。相关法律法规不断完善，不仅为公民、法人及其他组织提供了更有效的救济途径，也为进一步推进法治国家建设奠定了坚实的基础。

2.2.2 发展阶段：明确行政违法性审查原则

在法律体系的完善和法治环境的逐步优化下，我国明显不当行政行为司法审查进入发展阶段，此阶段的司法审查的核心便是明确了行政违法性审查的原则。随着法律实践的深入，对行政行为是否合法的判断标准逐渐具体化、细致化，为法律实务提供了更为明确的指导。在这一时期，司法机关逐渐认识到明确行政违法性审查原则的重要性，其主要体现在以下几个方面：一是增强了法律适用的准确性和公平性。通过明确行政违法性的审查原则，法院在审理案件时能够更加客观地评价行政行为，确保行政审判的公正性与合法性，从而有效维护公民和法人的合法权益。二是提升了行政诉讼的效率。行政违法性审查原则的明确不仅有助于减少法庭上关于行政机关是否违法的争议，同时也使当事人可以更清楚地了解自己在行政诉讼中的权利和义务，有利于提高行政诉讼的效率。三是促进了依法行政的发展。通过明确行政违法性审查原则，强化了行政机关遵循法律、遵守程序的重要性，进而推动行政机关在执行公务时更加注重合法性、合理性，有效遏制了非法行政行为的发生。四是丰富和发展了行政法学理论。在明确行政违法性审查原则的过程中，理论界也展开了广泛的讨论和研究，这对行政法学理论的发展和完善起到了积极的促进作用。五是加强了法律监督机制。明确的行政违法性审查原则不仅要求法院在裁判中严格把关，同时也鼓励社会各界对行政行为进行监督，共同推动依法治国战略的实施。

在实践中，通过对行政违法性审查原则的明确，法院在审查行政裁决书时更加注重对法律规定的理解和运用，特别是在评估行政决定的事实依据、法律适用及程序合规性方面做出了更为精细的判断。此外，行政违法性审查原则的明确还为法官在处理类似案件时提供了一个相对固定的参考框架，有助于提升司法判决的一致性和可预见性；明确行政违法性审查原则对于提升我国行政司法审查的质量具有重要意义。它不仅促进了法律的适用和执行，也为建立更加公正、透明的行政法律关系奠定了坚实的基础。未来，随着相关法律法规的不断完善和司法实践经验的积累，行政违法性审查原则将在实践中发挥出更大的作用。

2.2.3 成熟阶段：实现审查标准多元化

在司法审查的成熟阶段，我国对明显不当行政行为的司法审查实现了审查标准的多元化。这一时期，国家法治建设的不断深入和司法体制改革的全面推进、行政诉讼法及相关司法解释不断完善，进一步明确了司法机关对明显不当行政行为的审查路径和判断标准，为解决行政争议、保护公民权益提供了更为坚实的法律基础。一是多元化的审查标准体现了对行政裁决合法性和合理性的全面关注。在该阶段，司法机关不仅关注行政裁决的合法性，更加注重其合理性。这意味着，在判定行政机关的行为是否明显不当时，不仅要考量行政决定是否违反法律规定，还要综合考虑该行为是否符合公共利益的要求，是否公平公正地对待相关当事人，以及是否存在更合适的处理方式。二是从实际效果出发，提出了更加细化的审查方法。在具体案例中，法官依据行政裁决的具体情况，灵活运用多种标准进行分析。例如，对于涉及重大社会利益的案件，可能会更多地从宏观角度考察行政裁决对社会的整体影响；而对于涉及个人权利的案件，则可能更加注重评估裁决对个体权益的影响。这种因案而异的审查方法既体现了司法的灵活性，又保证了裁决结果的公正性。三是强化了程序正义在审查中的作用。在审查过程中，法院不仅关注行政机关决策的实体内容，还特别重视行政过程的程序是否规范。这包括审查行政机关在作出行政裁决前是否充分听取当事人的意见、是否按照法定程序进行调查取证，以及是否在作出裁决前给当事人提供足够的信息以便其了解和回应等。通过强调程序正义，确保了审查结果的正当性和权威性。四是推动审查标准与国际接轨。随着对外开放和国际合作的加深，我国司法审查的标准也开始逐渐向国际通行做法靠拢。借鉴国外先进的司法审查理论和实践,结合我国国情,对明显不当行政行为的司法审查标准进行了调整和完善,使其更加贴近全球通行的原则和价值,提高了我国司法审查的国际认同度。五是突出了保障基本权利的原则。在司法审查过程中,坚持并落实以保障公民基本权利为核心的价值导向,将保护公民的合法权益作为评判明显不当行政行为的标准之一。这不仅体现了社会主义法治的精神,也是对现代法治国家普遍认可的价值理念的体现。

在司法审查的成熟阶段,通过实现审查标准的多元化,我国对明显不当行政行为的司法审查工作取得了重要进展。这种进步不仅体现在审查方法的多样性上,也体现在审查理念的更新和价值取向的明确上,为今后进一步深化行政诉讼制度改革奠定了坚实的基础。

CHAPTER 03 >>

第3章
明显不当行政行为司法审查的理论基础

我国《行政诉讼法》增加了关于"明显不当"的审查标准,但未界定"明显不当"概念的内涵和外延。为了完善明显不当的审查标准并且能够在司法实践中得到有效适用,我国理论界和实务界都对这一标准进行了相应的阐释。对于"明显不当"这一概念而言,我国理论界并未作出明确界定,但是我国学者对于如何认定行政行为是否构成"明显不当"提出了不同的标准。学者们分别从比例原则、行政程序、平等原则、考虑相关因素等方面进行了论述,并未形成统一的审查标准。但是理论界对于行政法原理不断深入研究,尤其是对行政合理性原则研究和行政裁量理论的不断深入,逐渐弥补了"明显不当"行政行为审查理论的缺失。行政合理性原则的不断发展为"明显不当"的审查标准确立了内涵,"明显不当"的审查标准随着行政合理性原则内容的不断演变而不断变迁。行政裁量理论的发展为"明显不当"的审查标准明确了外延,确立了"明显不当"司法审查标准的具体范围。"明显不当"的审查标准是行政合理性原则在司法实践中的具体适用,不断扩张的行政合理性原则不断影响着对明显不当行政行为的审查范围[10]。其内涵和外延也呈现出不断变动的趋势。

《行政诉讼法》第七十条规定了六种可以由人民法院判决撤销或者部分撤销的行政行为,这也是法院对行政行为进行司法审查的标准。这六种审查标准分别代表了不同的审查范围,包含与认定案件事实相关的证据问题、行政机关适用法律法规是否正确的问题、行政机关作出行政决定是否违反法定程序问题以及行政机关是否超越职权或滥用职权的问题。明显不当的审查标准的创立弥补了机械适用合法性的不足,又防止全面合理审查脱离诉讼制度定位和实际情况的需要。将行政机关行使行政裁量权的过程中不合理的情况纳入合法性范畴,此时的合法性原则突破了形式合法的局限,发展成为实质合法原则。

3.1 国内研究现状

20 世纪 80 年代以来,我国行政法学界对行政法治原则作为行政法基本原则达成了共识,认为其包含了合法性原则和合理性原则。合理性原则总是与公平、正义、平等、适当等概念如影随形。为了实现良好行政这一治理目的,行政合理性原则不断受到学者关注,从无足轻重到成为合法性原则的重要补充,再到与行政合法性原则共同构建行政法治原则以及现在的突飞猛进,都证明了行政合理性原则拥有强大的生命力。在社会发展过程中,行政合理性原则所体现的价值体系受到公众的广泛认同。

行政合理性原则主要包含两种含义,从狭义上而言,更多体现在行政行为内容上的公平、正义以及符合理性要求，重点是对行政机关作出行政行为的内容是否适当进行判断。从广义上而言，对行政合理性原则的理解不仅体现在行政行为的内容上，还应包括与行政目的、法律精神以及行政法的一般原理相一致，即行政行为要合乎理性。对行政行为合理性的追求体现了人们对行政法治理念的转变，即由之前的形式法治到实质法治的转变，而法治理论的发展又推动着行政合理性原则的发展和完善。从法学的观念上讲，法治要求政府依法行政，政府在作出行政行为时必须有法律依据，并按法律规定办事。对于该原则在实践中的适用是否能够取得良好行政的效果，我国法学界持怀疑态度。龚祥瑞教授认为应从合法性中探讨合理性问题，并确认一套规范或原则保证自由裁量权不被滥用[11]。行政合理性原则作为我国行政法的基本原则得以确立，并得到我国学界的普遍认同。但学者之间对于行政合理性原则的内容、标准等并未形成统一意见。有学者就行政合理性内容进行阐述，认为其主要包括"正当性、平衡性、情理性"[12]。有学者从行政合理性原则的构成进行阐述："行政合理性原则的内容主要由以下四个方面组成：行政行为必须符合法律的目的；行政行为必须具有合理的动机；行政行为必须考虑相关的因素；行政行为必须符合公正原则。"[13]有学者就行政合理性内容及其衍生内容进行阐述：行政行为的内容要客观、适度、合乎理性。具体内容可衍生为应符合立法目的，基于正当考虑基础、不得考虑不相关因素，平等适用法律、不得差别对待，符合自然规律，符合社会道德、职业道德[14]。有学者通过对比英国合理性原则与德国合法性原则，认为我国行政合理性原则大体上可以概括为：行政行为的内容应当合理的基本规则，主要包括平等对待、比例原则和正常判断三个方面[15]。

黑尔什姆认为："两个合理的人可以对同一事件得出完全相反的结论，且不能指责这两个相反的结论有任何不合理。"[16] 对于原《行政诉讼法》规定法院可以撤销行政机关滥用职权的行政行为，还可以判决变更显失公正的行政处罚这一规定，我国学者认为这反证了人民法院可以对行政行为的合理性进行审查[17]。但也有学者认为该条款认定的两种行为由于严重或明显地背离了法律、法规的立法目的，已经构成了内在的或实质性的不合法行为，而不再是单纯的不合理问题[18]。

在对行政行为司法审查的实践中，我国早期对行政行为的审查主要局限于对具体行政行为的合法性问题的审查，一般不审查行政行为的合理性[19]。但同时存在例外情形，对于滥用职权、显失公平的行政处罚行为可以进行行政合理性审查[20]。我国在对行政行为的司法审查过程中既要进行合法性审查又要进行合理性审查，二者缺一不可。法院在适用合法性原则审查行政行为时，注重通过具体的法律条文对行政行为的合法性问题进行审查，表现为形式上的审查，此为司法机关对行政行为审查的"表"。法院通过适用合理性原则对行政行为审查，注重从法律设定规范的目的、精神及原则等方面对行政行为的合理性、正当性进行审查，表现为对行政行为内容上的审查，此为司法机关对行政行为审查的"里"。司法机关对行政行为的合法性、合理性的审查是形式与内容的统一，是司法审查体系的"表里"结合，二者缺一不可。

3.2 国外研究现状

英国的行政合理性原则理论主要是针对行政裁量权设定的，要求行政机关在作出行政行为的过程中不得作出不合理的判断、考虑不适当的因素。英国合理性原则的适用范围呈现出不断扩大的趋势，经历了从实体合理到程序合理的过程。英国在适用行政合理性原则的过程中首先仅针对法律授权实施的行政行为，随后发展到对行政机关不行使裁量权的行为进行审查，再逐步扩大到对国王特权的适用。英国的失当行政行为主要表现为两种形式，即滥用权力和不行使权力[10]。从具体类型上不仅包含裁量行为也包含了羁束行为。

美国对于行政裁量权的司法控制主要有三个方面：行政行为的前后一致性、信赖保护原则以及比例原则。首先，行政行为的前后一致性要求法院对行政行为进行审查时对类似情况作出类似处理。符合法治原则和平等原则的基本要求，体现了对行政机关裁量权的一种限制，防止行政机关作出的行政行为反复无常。其次，信赖保护原则要求行政机关作出的行政行为应当被公民信赖，即使是错误的行政行为也不应该中止法律效力，并可以要求行政机关将来满足其上述预期。从法治、良好行政以及法的稳定性来说，信赖保护原则无论是在公法上还是在私法上都极其重要，是维护社会秩序的重要基石。最后，要注重比例原则的适用。虽然比例原则发源于欧洲大陆，但同样为美国司法所接受。尽管美国比例原则的适用范围有限，仅限于处理结果的合理性，但比例原则同样要求行政行为在不同情况下不得以不成比例的方式处理，实现行政手段与行政目的之间关系的动态平衡。

大陆法系对于行政行为的审查主要体现在对构成要件和效果要件的审查上，而英美法系主要体现在对行政行为的事实问题和法律问题的审查上，对它们适用不同的审查标准，是美国司法审查的主要原则[21]。而比例原则作为德国审查行政行为的重要方式，要求行政机关为实现行政目的所作出的行政手段是合理的。行政机关实施的手段必须具有妥当性、必要性，为实现行政目的所达到的实际利益与相对人所承受的损失之间要呈现法益相称性。比例原则不再局限于抽象的法律原则范畴，同样适用于具体的司法实践层面的操作。德国法中的比例原则主要衡量行政手段与行政目的之间的关系，这为评价手段与目的提供了客观标准。

3.3　合法性与合理性原则概述

法律之所以为法律，为众人所接受并作为自身行为的准则，其不仅具备国家机关的权威，还应当体现出符合人们普遍认定的价值观念，即符合公平、正义等理念，也就是合法性存在的合理性问题。合法性与合理性的二元划分为我国行政法的发展和实践作出了巨大贡献，但同样存在不可避免的弊端，合法性与合理性的二元划分导致对行政行为的判断依据不同的标准可以得出不同的结论，通过二元标准的划分，行政行为可以分为合法行为、违法行为、不合理但不违法的行为。从合法性角度而言，可将行政行为归纳为合法行政行为和违法行政行为。人们之前普遍认为只要有法律规范方面的问题就属于合法性范畴，这涉及形式意义上的合法原则。只有无法直接适用合法性原则的事项才有可能适用合理性原则，即行政合理性原则的适用只有在行政合法性原则的前提之下，用于解决行政合法但不合理的问题，行政合理性原则作为行政合法性原则的补充，缺乏独立性。

随着政府行政职能的不断扩大，行政裁量权被滥用的情形不断出现。以"合理行政"为核心的行政法理论得以发展，其不再局限于"合法行政"理论层面，并在全球范围内得到认可。各国通过该理论基础建立相关的法律制度，在实践中出现了成功经验和失败案例。从形式法治理论来讲，首先，行政机关机械地遵循依法授权的法律规范，容易导致行政机关作出的行政行为不具有合理性和可接受性，不能取得良好的社会治理效果。其次，行政合法性原则不足以实现对行政裁量权滥用的限制。为了解决行政行为合法但不合理的问题，行政合法性原则与行政合理性原则出现了主次关系。为此，学者对此问题进行了反思，并提出符合行政实践需要的实质法治原则。

合法性原则与合理性原则的划分割裂了对行政行为的整体审查。在司法实践中，法院只能根据法律规定对行政行为的合法性进行审查，行政行为的合理性并不属于法院的审查范围，这容易造成行政行为合法但不合理的问题。从实质合法性原则来认识行政行为合法但不合理的问题，可以作出更加明确清晰的判断。行政行为违反行政合理性原则不属于传统违法行政行为的范畴，从违法构成要件、表现方式、违法程度、法律后果等方面都与传统违法行为不同。将行政合理性原则纳入实质法治主义当中，从行政合理性原则与行政合法性原则的关系来看，行政机关作出的行政行为不符合合理性标准，意味着行政行为违背了法律的立法目的和要求，也应当属于违法范畴。因此从法律对行政的控制来看，行政不违法行为不一定是行政合法行为；行政不合法行为则可视为行政违法行为[10]。合法性原则与合理性原则应该处于同一价值层级。有些学者认为，我国行政诉讼法对行政行为的司法审查采用"以合法性审查为原则，合理性审查为例外"的模式。1989年《行政诉讼法》制定之时，学者之间就对法院是否审查行政行为合理性产生争论，而争论的结果是司法机关对行政行为的合理性问题原则上不予审查，但对于行政机关滥用职权、显失公平的行政行为，法院可以审查其合理性。通过行政合理性的发展历程可以看出，行政合理性原则已由原来的行政合法性原则的重要补充逐步发展为与合法性原则相辅相成，并统一于实质合法原则。

合法性原则与合理性原则作为行政行为的基本原理，符合同一价值位阶水平，在司法审查实践中，对行政行为的审查不应以合法性审查为主、以合理性审查为辅。法院的司法地位与职责要求将合理性纳入合法性审查层面。人民法院是行使审判权的司法机关，是维护和保障公民权益和法治建设的重要机构，其对行政行为的司法审查不仅要从形式上审查是否符合行政机关滥用职权或者超过法律规定的裁量权范围，也应当从实质上审查行政机关作出的行政行为是否明显不当，是否违背公平、正义、比例等基本原则或法律目的。从裁量权的实质来讲，行政机关行使行政裁量权并不是一种恣意行为，应当符合法律目的和基本原则，是在公平、正义、合理的情况下依法作出的行政行为。

3.4 明显不当与比例原则

比例原则起源于德国，是为了保障个人自由与公共利益免受行政机关恣意地滥用行政权力的侵犯，限制行政裁量权的滥用而出现的。随着社会的不断发展，比例原则的内涵和外延也在不断扩展。比例原则的适用前提是行政机关在行使公共权力时是以实现社会发展为目标，而行使行政权力是实现社会发展这一目标的手段。行使行政权力这一手段要受到实现社会发展目标的限制。比例原则的基本内容就是通过目的与手段之间的量化因果关系，解决各自不同的、相互冲突的利益之间的矛盾，保障行政行为的适当性。比例原则是德国法对行政裁量权进行控制的主要标准，作为一种符合社会价值的基本原则，比例原则在德国的不同法律领域得以发展。作为一项调节公法与私法之间冲突的首要公法原则，它促使各项权力的行使达到最优目的，渗透到整个社会治理的各方面。经过不断发展，比例原则在德国已经形成比较完善的体系，尽管对于比例原则的具体表达方式可能存在不同，但对于所表达的具体内容是能够形成共识的。从比例原则的构造体系来看，主要有三项构造因素。第一，目标的合适性与手段的妥当性。行政机关在作出行政行为的过程中首先要保证实现法律目的或者社会所追求的价值的适当性，并且在作出行政行为时根据法律目的或所追求的目的的取向来选择能够达到预期效果的行政手段，对于手段的选择要根据客观情形作出，而不能根据作出行为主体的主观判断而作出，以实现选择手段的妥当性。第二，手段适用的必要性。行政机关在选择行政手段过程中要充分考虑客观因素，对比不同行政手段所引起的具体结果，保证所采取的具体手段是所有可选择的手段之间对自由限制更小的措施，也就是所选择的手段是"最温和的"，对当事人的负面影响最小。手段适用的必要性并不意味着法院能对行政机关采取何种手段的自由进行限制，司法机关应该对行政机关的行政权保持克制，这样才符合法律赋予行政机关行政裁量权的目的。第三，不同利益之间的法益相称性。行政机关采取的行政手段有限制公民自由、侵犯公民权益的情形，因此对于调和在私法领域内的利益冲突，行政手段所引起的双方或多方利益损益必须进行价值衡量，对实际可得利益与对公民造成的利益损害之间要达到一种平衡，符合公民的合理忍受程度。

与"比例原则"相近似的是英美法系中的"合理性原则"。二者的共同之处在于对行政机关作出行政行为的手段与目的进行分析，对行政裁量权的手段、目的进行权衡，合理性原则要求所采取的手段与目的之间具有合理性，而比例原则是考察行政机关行使行政裁量权的必要性与法益相称性。我国设立的"明显不当"的审查标准是行政合理性原则在司法审查实践中的具体适用，与比例原则中关于衡量手段与目的之间关系的内容相似。对"明显不当"的审查标准是对行政裁量权在实践中对行政相对人的不法侵害与具体手段之间的判断，对行政行为是否符合行政目的、社会价值或行政手段进行评判。

3.5 保障基本权利

在探讨"明显不当行政行为的司法审查"这一主题时，保障基本权利是其核心理论基础之一。基本权利的保障涉及国家与公民之间权力关系的根本调整，是现代法治社会的一项重要准则。确保政府行为的合法性、适当性和合理性的根本目的在于维护并促进公民的基本权利。这一点在行政机关的活动中尤为重要，因为行政行为直接关联公民的日常生活和社会秩序。政府作为公共权力的代表，其行为直接影响着公民的基本权利，如财产权、人格权、平等权等。因此，对行政行为进行司法审查，尤其是当行政行为明显不当时，具有重要的现实意义。通过司法审查可以有效防止和纠正行政机关侵犯公民基本权利的行为，确保公民权益不受侵害。司法审查制度为公民提供了一条有效的渠道来挑战可能损害其基本权利的行政行为。当公民认为自己的权利受到行政行为不当侵害时，能够借助法律手段，通过法院的判决得到救济。这不仅体现了法律对公民权利的重视，也彰显了司法审查制度在保护公民权益方面的积极作用。在对明显不当行政行为进行司法审查时，必须以保障公民基本权利为核心考量因素。这意味着审查标准不仅需要考量行政行为是否符合法律规定，更应注重其是否尊重和保护了公民的人权。在审查过程中，应充分考虑公民所享有的宪法赋予的基本权利，并将这些权利的保护作为衡量行政行为适当性的重要标准。为了更有效地发挥司法审查在保障基本权利方面的作用，需要进一步完善相关法律制度和程序，这包括但不限于明确界定何种情况下适用司法审查、规定详细的审查流程和标准、加强司法审查机构的专业性和独立性等。通过这些措施，可以提升司法审查的效果，更好地保障公民的基本权利不受非法行政行为的侵害。

保障基本权利是对明显不当行政行为进行司法审查的重要理论基础之一。通过对行政行为的司法审查，不仅可以维护法律权威，促进社会和谐，更重要的是能有效保障公民的基本权利不为违法行政行为所侵害，从而推动构建一个更加公正、合理、有序的社会环境。

3.6 维护法律权威

在法治社会中，法律不仅规定了公民的权利和义务，也约束了行政机关的权力行使。司法审查机制存在的目的在于通过严格的法律标准和程序来确保行政机关的行为不偏离法律的轨道，从而维护法律的权威性和严肃性。具体来说，维护法律权威的意义体现在以下几个方面：一是促进法律统一适用。通过司法审查，确保同一法律在同一地区、对相同的情况适用相同的标准，减少了因行政机关个体差异而产生的法律适用差异，保障了法律的统一性和连贯性。二是增强行政行为的合法性。司法审查能够及时发现并纠正行政机关在执法过程中的错误或不当行为，促使行政机关更加注重依法行政，从而增强其行为的合法性。三是提升公众对法律的信心。司法审查的结果，尤其是那些纠正行政机关不当行为的判决，能够向公众表明法律制度的有效性和公正性，提升公众对法治政府的信任度。四是防止权力滥用。司法机关通过对行政机关行为的监督和审查，可以有效防止权力滥用，保障公民合法权益不受无端侵犯，这有助于维护社会公平正义。五是推动法律发展和完善。司法审查过程中遇到的新问题、新情况可以反映法律在实际应用中存在的不足，为法律的修订和完善提供依据。六是提升国际形象。一个致力于维护法律权威的司法体系不仅是国家法治建设水平的体现，也是国家形象的重要组成部分。维护法律权威能够展现我国法律制度的特色与魅力，提高在国际上的认可度和影响力。七是维护宪法权威。司法审查制度本身是对宪法精神的直接体现。通过对行政机关行为的司法监督，确保行政机关及其工作人员遵守宪法和法律，可以促进实现国家治理和社会管理的法制化、规范化。

维护法律权威是司法审查的内在要求和核心价值。它不仅关乎行政机关的行为是否合法适当，更关系到法律的尊严和人民对法治社会的期待。通过严格有效的司法审查，不仅可以纠正和预防不当行政行为，更是对法律权威的有力维护。因此，加强和改进司法审查机制，对于推进法治中国建设、实现全面依法治国的目标具有重要意义。

3.7　促进社会和谐

明显不当行政行为司法审查，在实现法律对行政行为的有效监督和纠正的同时，也对促进社会和谐有着不可忽视的作用。在现代法治社会中，行政权力的运行直接影响公民的生活质量和社会的整体稳定，因此，通过司法审查来确保行政行为的合理性和合法性，不仅是为了维护法律秩序，更是为了维护社会公共利益，促进社会和谐。一是确保行政行为合法性与合理性相统一。社会和谐的一个重要前提是政府的各项行政行为必须建立在合法性和合理性的基础上。司法审查通过对行政行为的严格监督，能够及时发现并纠正那些不符合法律规定和公共利益的行为，从而保障公共利益不受侵害，为社会和谐提供基本前提。二是维护社会公平正义。司法审查有助于平衡不同群体间的利益分配，确保每个人都能在合法、公平的前提下行使权利。尤其是在处理重大社会事件或涉及民生问题的案件时，司法审查可以确保所有相关方的声音得到听取，减少社会矛盾的产生，有效推动和谐社会建设。三是增强政府公信力。正当的司法审查不仅可以揭示行政行为中的不当之处，还能明确政府的责任边界，增强政府依法行政的形象。当行政机关能够及时、有效地应对司法审查，并根据审查结果调整行政行为时，就能显著提升公众对政府的信任度，进而促进整个社会的和谐发展。四是促进法治文化的培育。通过司法审查实践，特别是对于明显不当行政行为的审查与裁判，能够在全社会范围内树立法律权威，提高公众的法律意识。这种法治精神的普及能够从根本上改变一些人的错误观念，形成良好的法治氛围，为构建和谐社会奠定坚实基础。五是调解与冲突解决机制的完善。司法审查不仅限于事后的审查和裁决，更重要的是通过设定合理的审查标准，指引行政机关在日常行政活动中更加注重合法性、合理性及程序的规范性。这不仅减少了潜在的法律纠纷，也为调处与解决可能出现的社会冲突提供了渠道和方法，有利于构建和谐的人际关系和社会环境。

  明显不当行政行为的司法审查在促进社会和谐方面发挥着关键作用。它不仅能够确保行政机关的行政活动符合法律规定，保护公众权益，还能够通过树立法治权威、促进公正和谐的社会风气，最终达到促进社会稳定和谐的目的。因此，强化和优化明显不当行政行为的司法审查机制是当前推进社会治理现代化、构建和谐社会不可或缺的一环。

第4章
明显不当行政行为与相关概念辨析

4.1 明显不当与滥用职权

行政滥用职权是指行政主体在行使行政权力或履行行政管理职能的过程中,对法律赋予的行政职权不规范或者超常规的使用[22]。《行政诉讼法》第七十条第五项规定了滥用职权的司法审查标准,但这一司法审查标准在司法实践中并未得到有效适用。由于对滥用职权的内涵和外延无法达成共识,在司法实践中缺乏可操作性,并且《刑法》中存在滥用职权罪这一罪名,致使法院很少适用滥用职权审查标准,并以此为由撤销行政行为。首先,《行政诉讼法》第七十条规定的人民法院判决撤销或者部分撤销的行政行为中,滥用职权与明显不当都是针对行政裁量权。滥用职权的行政行为表现为表面上合法但实质上严重不合理的行政行为,与明显不当行政行为都表现出对行政行为合理性问题的讨论。其次,对滥用职权和明显不当概念的内涵和外延理解泛化，认为二者作为司法审查标准可以混用，如滥用职权会导致行政结果的畸轻或畸重，同样符合明显不当行政行为的审查范围，二者存在竞合的关系。最后，滥用职权与明显不当的行政行为都会对行政相对人产生侵害后果，并由行政主体承担不利的法律后果，但二者之间存在明显差异。就规范角度而言，滥用职权是指行政机关作出的行政行为虽然在其权限范围内，但该行政行为是行政机关不正当行使行政职权时作出的，违背了法律赋予行政机关职权的目的，这是从行政机关作出行政行为的主观角度提出的。而明显不当是基于行政结果的畸轻或畸重这种客观结果角度提出的，对行政机关作出行政行为时的主观状态并未有明确要求。就表现形式而言，有学者认为行政职权的不当延伸是行政滥用职权与其他不当行使职权行为最为本质的客观区别[22]。滥用职权的职权范围是法律赋予行政机关进行行政管理的全部职权。滥用职权表现为行政机关所行使的职权与违法行为所应行使职权的相异性，以及行政机关在与违法行为相对应的裁量范围之外行使职权两种情形。就外在表现形式而言，明显不当的认定与滥用职权的第二种表现形式存在重合，但明显不当的审查标准并不侧重对行政机关职权范围的认定。在区分滥用职权与明显不当两种审查标准时需对行政主体在作出行政行为过程中的主观性和行使职权的范围进行统一考量。

4.2　明显不当与显失公平

修正后的我国《行政诉讼法》第七十七条为保持行政条文之间概念的一致性，将"显失公平"更改为"明显不当"，二者都是对行政处罚的限定。对于概念的转换，本条规定的行政处罚明显不当与原法规定的行政处罚显失公平之间并无实质区别。行政处罚显失公平是行政处罚在自由裁量权的范围以内，客观上出现的不相称、不成比例、有悖于行政公正性的种种情形[23]。明显不当行政行为与显失公平的行政行为的判定都是对行政机关的行政裁量权的审查。就明显不当与显失公平的概念而言，二者之间并不能一一对应。显失公平的行政行为在我国的行政诉讼制度中曾得以确立，但仅限于行政处罚行为，修正后的《行政诉讼法》第七十条增加了明显不当的审查标准，明显不当的审查范围并不局限于行政处罚的类型化行政行为。明显不当审查标准属于实质合法的范畴，而显失公平在原法对行政行为审查的标准体系中，只能对行政处罚这种明确的行政结果进行审查。

4.3 明显不当行政行为与行政裁量权

行政裁量权是指行政机关经依法授权，可以选择在一定的范围、幅度、种类内，作出具有法律效力的行政行为。虽然行政裁量行为是行政机关可以作出一定选择的行政行为，但并不代表该行政行为是一种不受约束的行政行为，法院拥有对行政裁量行为的司法审查权。行政机关所作出的明显不当行政行为实质上具有违法性。明显不当行政行为是行政机关在依法履行行政裁量权的过程中，作出的违背法律设定目的、精神、原则的行政行为。行政主体作出该行政行为的同时违背了行政合理性原则的要求，致使该行政行为达到实质违法的程度。

社会契约论认为："自由裁量权实际上是政治权利，必须限于由政治上负责的政治机构行使。"[24]政府在行使行政裁量权的过程中要实现行政裁量权与私人利益的动态平衡。行政裁量权的发展主要经历了三个阶段：首先是对私人利益的强化保护阶段。为防止政府滥用行政权力侵害私人利益，要求政府作出的任何行为都要有明确的法律授权，并对涉及私人利益的行政行为进行严格限制。其次是行政裁量权的扩张阶段。对行政裁量权的严格限制已经影响了政府社会治理能力的提升。一个僵化的政府在步入现代社会以后，已经无法满足应对复杂的社会关系的需求。于是行政裁量权的扩张出现了转机，主要有以下几方面原因：第一，立法的滞后性。社会环境的不断变化，已经超出了立法预见的范畴，为行政裁量权的松绑留下了立法空间。第二，科技的不断发展、社会的不断进步，出现了法律不能介入但需要治理的新型领域。第三，立法机关不能覆盖行政机关的所有治理范围。第四，行政机关执政能力的专业化和技术化，导致立法机关无法实现精准、具体的立法。基于各种原因，行政裁量权得以快速发展，甚至出现行政裁量权急剧扩张，从而出现了"从摇篮到坟墓"的"大政府"时代。最后是综合控权阶段。行政裁量权的急剧扩张导致大量滥用行政权力情形的出现，在承认行政裁量权的前提下，实现对行政裁量权的有效控制便是这一阶段的主要任务。对行政裁量权的控制方式既要包含传统行政合法性控制，也需要行政合理性对行政裁量权的控制。我国学者也曾尝试探索裁量基准的技术构造，以"情节细化"和"效果格化"为基础，建立符合社会实践需要的裁量基准，促使行政机关通过适用裁量基准，针对不同具体情节的个案作出不同的处罚结果，实现行政行为的最优化。[25]

第5章
"明显不当"审查标准适用类型的界定

《行政诉讼法》第七十条增加了对"明显不当"的规定,为人民法院审查行政行为设定了新的标准。但在理论上,对"明显不当"概念的内涵、外延都未厘清。在实践中,也面临着如何运用明显不当的审查标准,即如何认定行政行为是否构成明显不当的问题。

5.1 明显不当行政行为司法审查的适用

沈岿教授认为法院审查行政行为是否符合"明显不当",要考虑行政机关作出的行政行为是否考虑相关因素、是否与立法目的和精神相一致、是否遵循正当程序、是否符合比例原则等因素。[26]学者们对于如何认定行政裁量行为是否构成"明显不当"提出了不同的标准,虽然定义了"明显不当"的部分成分,但对于明显不当的概念并未形成统一的意见。从学者对于"明显不当"的标准来看,不符合合理性要求的行为被认为"明显不当"。从立法原意的角度来考察"明显不当"的定义，新修正的《行政诉讼法》第七十七条为保持概念的一致性，将行政处罚"显失公平"更改为"明显不当"，该条含义并未产生实质变化。为了适应实践需要，推动行政争议方面的实质性解决，第七十条规定新增了"明显不当"的审查依据，该条将行政机关在行使行政裁量权过程中极端不合理的情形纳入合法性范围，对于行政结果极端畸轻或畸重时，适用"明显不当"审判标准作出撤销判决。从立法原意可以看出，法院可以对基于行政裁量权作出的行政行为进行合理性审查，是有限的合理性审查，并将极端不合理情况纳入合法性范畴之内。由此看出，"明显不当"审查标准的门槛设置较高，是平衡行政权与司法权的重要标准。

在行政法体系中，明确行政行为的正当性与合法性是维护公民权利和保障法律权威的重要环节。明显不当行政行为的司法审查则在这一过程中扮演着关键角色。通过对此类行为进行有效的司法审查，可以纠正行政机关可能的错误判断或行为，从而保护公民、法人和其他组织的合法权益，促进社会公平正义。从理论层面来看，明显不当行政行为的司法审查适用范围主要聚焦于行政裁决过程中的不当行为，这些行为包括但不限于错误认定事实、滥用职权、违反法定程序等。这些行为不仅损害了当事人的合法权益，也破坏了行政法治原则和国家法律的权威。在实际操作中，对该类行为的司法审查涉及以下几方面内容：一是法律依据的正确适用。审查行政裁决是否正确适用现行法律、法规和规章，是否存在法律适用错误导致结果明显不当。二是行政程序的遵守。评估行政行为的程序是否合法，包括但不限于通知、听证、申诉等程序是否得到遵循，是否存在违反法定程序的行为。三是行政裁决的合理性分析。对行政裁决的实质内容进行审视，判断其是否符合公正原则和公共利益的要求，是否存在明显违背常理和公共道德的情况。

在细化具体适用范围时，可以将明显不当行政行为划分为以下几个层次。一是审判机关可以直接监督的不当行政行为，这主要指的是那些直接侵犯当事人权益或明显违反法律规定的行政行为。二是审判机关间接监督的不当行政行为，这类行为虽没有直接侵犯当事人的权益，但因其可能导致的严重后果，同样需要通过司法审查来纠正。三是针对特定领域或类型的行政行为建立的专项司法审查机制，如土地征收、房屋拆迁等涉及重大民生利益的行政行为，这类行为的审查往往具有更强的针对性和特殊性。

为了有效进行司法审查，相关法律规定应当明确哪些类型和层次的行政行为应纳入司法审查的范畴，并设定相应的审查标准和程序。同时，应当注意到不同领域、不同层级的行政行为在司法审查中可能会有不同的侧重点和复杂程度，因此，具体的适用范围需要根据实际情况灵活把握。

明显不当行政行为的司法审查适用范围是一个广泛且复杂的概念，它既包括直接针对行政机关不当行为的法律追究，也涵盖对行政决策过程合理性的深入评估。通过这一审查过程，可以有效维护公民和法人的合法权益，确保行政权力的规范行使，进而促进整个社会的法治化和文明化进程。

5.2　一般违法行为与明显不当行政行为的关系

明显不当行政行为与一般违法行为在性质、程度和法律后果上存在显著差异。

从性质上看，明显不当行政行为属于行政裁量权的滥用，而一般违法行为则是行政机关在行使职权时直接违反了法律的明文规定[27]。明显不当行政行为通常表现为行政机关在法定权限范围内，基于不合理的考虑或明显错误的判断作出的决定虽然在形式上符合法律规定，但实质上违背了法律的目的和精神。相比之下，一般违法行为则是行政机关在行使职权时直接违反了法律的明文规定，如超越法定权限、违反法定程序等。

明显不当行政行为的"明显"性体现在其不合理性达到了显而易见的程度，即任何一个理性的行政机关在相同情况下都不会作出这样的决定。这种不合理性不仅体现在结果上，还体现在决策过程中，如考虑了不相关因素、忽视了相关因素等。而一般违法行为的违法性则相对明确，通常可以通过法律条文的直接规定来判断。例如，行政机关在作出行政处罚时未告知当事人有陈述和申辩权，这种程序性违法可以直接依据《中华人民共和国行政处罚法》（以下简称《行政处罚法》）的相关规定进行判断。

明显不当行政行为的法律后果通常表现为行政行为的被撤销或被变更，但不会直接导致行政机关承担赔偿责任，除非该行为同时构成违法。而一般违法行为的法律后果则更为严重，不仅可能导致行政行为被撤销，还可能引发行政赔偿等法律责任。例如，行政机关违法强拆房屋，不仅要撤销强拆行为，还要对房屋所有人进行赔偿。

在司法审查中，明显不当行政行为与一般违法行为的审查标准也存在差异。对于明显不当行政行为，法院主要审查行政机关的裁量权是否被滥用，是否考虑了不相关因素或忽视了相关因素，是否达到了明显不合理的程度。而对于一般违法行为，法院则主要审查行政机关的行为是否符合法律的明文规定，是否遵循了法定程序，是否在法定权限范围内行使职权。例如，在审查行政处罚决定时，对于明显不当的处罚，法院会重点审查处罚幅度是否合理，是否考虑了相关情节；而对于违法的处罚，法院则会审查处罚决定是否符合《行政处罚法》的具体规定。

在举证责任方面，明显不当行政行为与一般违法行为也存在不同。对于明显不当行政行为，原告需要证明行政机关的裁量决定达到了明显不合理的程度，这通常需要提供相关证据证明行政机关的决策过程存在明显错误。而对于一般违法行为，原告只需证明行政机关的行为违反了法律的明文规定即可，举证责任相对较轻。例如，在行政诉讼中，原告主张行政处罚决定明显不当，需要提供证据证明处罚幅度与违法情节明显不相称；而主张行政处罚决定违法，则只需证明行政机关未履行法定程序即可。

在救济途径上，明显不当行政行为与一般违法行为也有所区别。对于明显不当行政行为，当事人通常可以通过行政复议或行政诉讼请求撤销或变更该行政行为。而对于一般违法行为，当事人除了可以请求撤销或变更行政行为，还可以请求行政机关承担赔偿责任。例如，当事人认为行政机关的行政许可决定明显不当，可以请求法院撤销该决定；而如果行政机关的行政许可决定违法，当事人不仅可以请求撤销，还可以请求赔偿因违法许可造成的损失。

明显不当行政行为的认定往往需要结合法律原则和立法目的进行解释，而一般违法行为的认定则主要依据法律的具体规定。例如，在认定行政机关的处罚决定是否明显不当时，法院可能需要结合《行政处罚法》的立法目的，考虑处罚是否达到了教育、惩戒的目的；而在认定处罚决定是否违法时，法院则主要依据《行政处罚法》的具体条文进行判断。

在司法实践中，明显不当行政行为与一般违法行为的界限有时并不十分清晰，需要结合具体案情进行综合判断。例如，行政机关在作出行政许可决定时，如果未考虑相关因素导致决定明显不合理，可能构成明显不当；但如果未考虑的因素是法律明确规定必须考虑的，则可能构成违法。因此，在司法审查中，法院需要仔细甄别行政机关的行为性质，准确适用法律。随着行政法治的不断推进，明显不当行政行为的认定标准也在不断完善。近年来，司法实践中逐渐形成了"理性人标准""比例原则"等判断标准，这些标准为明显不当行政行为的认定提供了更为具体的指引。而一般违法行为的认定则相对简单，主要依据法律的明文规定进行判断。例如，在审查行政机关的行政强制措施时，法院会运用比例原则判断措施是否明显不当，而对于违反法定程序的强制措施，则直接依据《行政强制法》的相关规定进行判断。对于明显不当行政行为，法院通常采取较为克制的审查态度，尊重行政机关的裁量权，只有在裁量决定达到明显不合理的程度时才会进行干预。而对于一般违法行为，法院则会采取更为严格的审查标准，确保行政机关的行为符合法律规定。例如，在审查行政机关的行政处罚决定时，对于处罚幅度是否明显不当，法院会给予行政机关一定的裁量空间；而对于处罚程序是否合法，法院则会严格审查，确保程序正义的实现。

从法律效果的角度看，明显不当行政行为的认定往往具有个案性，即同一类型的行为在不同案件中可能被认定为明显不当，也可能不被认定为明显不当。而一般违法行为的认定则具有普遍性，即同一类型的行为在不同案件中通常会被认定为违法。例如，行政机关在作出行政许可决定时，未考虑相关因素在某一案件中可能被认定为明显不当，而在另一案件中可能不被认定为明显不当；而如果未考虑的因素是法律明确规定必须考虑的因素，则在所有案件中都会被认定为违法。对于明显不当行政行为，法院通常需要进行更为深入的审查，包括审查行政机关的决策过程、考虑因素等。而对于一般违法行为，法院则主要进行形式审查，判断行政机关的行为是否符合法律规定。例如，在审查行政机关的行政处罚决定时，对于处罚决定是否明显不当，法院可能需要审查行政机关的裁量过程；而对于处罚决定是否违法，法院主要审查处罚决定是否符合《行政处罚法》的具体规定。明显不当行政行为的认定往往需要结合具体案情进行综合判断，而一般违法行为的认定则相对明确。例如，在认定行政机关的行政强制措施是否明显不当时，法院需要考虑措施的必要性、适当性等因素；而在认定措施是否违法时，法院主要依据《行政强制法》的具体规定进行判断。因此，在司法审查中，法院需要准确把握明显不当行政行为与一般违法行为的界限，确保法律适用的准确性。

5.3　明显不当行政行为司法审查相关问题探讨

行政裁量权是法律授权行政机关在实施行政管理职能时的重要权力，已得到社会普遍认可，几类比较特殊类型的行政行为是否也应当受到司法审查？司法机关是否可以适用"明显不当"的审查标准进行审查？均是应当探讨的内容。对于不确定法律概念、授权性行政行为等行政行为，行政合理性要求行政机关在作出行政行为的过程中不仅要裁量合理，还包括行政机关在有判断余地的情形下，对不确定法律概念的解释得合理，并要求行政机关对不确定法律概念的理解以及作出的授权性行政行为都要符合社会价值理念。

5.3.1　对于行政不作为的审查

我国行政诉讼法规定行政机关不履行或者拖延履行行政职责

的，由法院判决行政机关限期履行行政职责。对于行政不作为的裁量权是否应当纳入"明显不当"的审查标准之内，存在不同的意见。认为行政不作为应当纳入"明显不当"审查标准之内，有以下主要观点：首先，我国已经对行政机关不履行或拖延履行行政职责的行为进行了法律规定，应当由法院迳行判决限期履行职责。其次，行政机关在裁量权的范围之内选择是否作出行政行为，对于决定不作为的，可能侵害利害相关人的权益或违背公共利益。最后，从实质法治主义角度来讲，行政不作为是指不履行法律规定，违背法律规范的目的、精神、原则，符合行政行为的违法性。应当通过明显不当行政行为的审查标准而非显失公平的审查标准进行审查。认为不能将行政不作为纳入"明显不当"审查体系的人认为主要有以下原因：行政不作为的隐蔽性，行政机关的不作为经常不被人们所知晓，因而难以进行判定。对行政不作为的司法控制的经济效益低，行政不作为的隐蔽性决定了其被发现的概率较低，证据收集的难度大，对行政不作为的司法控制也常常因为成本过高而难以实施。司法对于行政裁量的谦让，行政裁量是政府进行社会治理中最重要的权力，有关社会治理和资源分配的决定并不适合法院进行审查，法院只是在有限的程度上审查行政机关的裁量权，对行政不作为的司法审查则更难实现。在实践中，将行政不作为纳入"明显不当"审查范围并不符合客观实际。

5.3.2 对于不确定法律概念的审查

不确定法律概念是指未明确表示而具有流动特征的法律概念，其包含一个确定的概念核心以及一个在一定程度上广泛不清的概念外围[28]。行政机关作出的行政裁量是对弹性法律条文的具体适用，行政机关在授权范围内具有较大的裁量权。学界对于行政裁量与不确定法律概念之间始终存在争议,有些学者认为二者之间存在区别,认为二者存在区别的学者们的理解也有所不同:有些学者认为二者存在实质上的差别,比如不确定法律概念是以法律解释为中心,而行政裁量却较少涉及这一问题。有些学者则认为二者都是立法机关对于行政机关适用法律过程中作出行政行为的一种判断余地,仅仅在法律制约程度或司法审查方面存在少许区别而已,并不存在本质上的区别。传统德国法一直奉行较为保守的裁量"二元论",与"一元论"不同的是,"二元论"将裁量问题与法律问题进行划分,各自作为独立的结构存在于整个行政裁量理论体系中。从构成论上,又将行政机关的裁量划分为"效果裁量"和"要件裁量"。认为行政机关的裁量仅限于效果裁量,即仅包含对于行为效果的选择,而不包含行为的构成要件。不确定法律概念的适用属于要件裁量的范畴,对不确定法律概念的判断是一种认识过程,法律要件与法律效果的区分,实际上便是不确定法律概念与行政裁量的分界标志,裁量的客体是法律后果,而不确定法律概念的客体是法定事实要件[29]。不确定法律概念只存在于法律规定的事实要件当中,是由行政机关在作出行政行为过程中针对具体的实际情况对不确定概念的主观适用。法院对于行政机关对不确定法律概念的主观判断情况,可以进行审查。虽然我国对于行政裁量与不确定法律概念遵循实质区分原则,但是在司法实践中,对于二者进行统一审查,并未制定具体的审查区分标准。行政裁量不等于不确定法律概念,二者之间的内涵和外延都存在差异[30]。"明显不当"审查标准更好地切合对行政机关对不确定法律概念适用的裁判需要。不确定法律概念的适用是行政机关对于法律的主观判断,有一定的判断余地。而对于不确定法律概念的理解可能与执法人员的经验、学识以及价值取向有关,存在多种不同情况。但是不确定法律概念在具体情况的适用中只能具有唯一的正确性。法院通过适用"明显不当"的审查标准对不确定法律概念进行审查，能够更加规范司法机关对行政行为的审查范围、程度和标准，使行政机关作出的行政行为更好地受到司法的制约和监督，促进司法权与行政权的相互平衡。

5.3.3 授益行政行为的"明显不当"问题

随着社会的发展，为了更好地调整更加复杂的新型社会关系，国家管理职能不断扩大，行政机关作出的行政行为的内容越来越丰富，行政行为的内涵和外延也不断发展。授益性行政行为是政府作出的行政行为的重要组成部分。授益性行政行为的强制性水平较低，法律要求较少，允许行政机关有较大的裁量范围，该类行为多数属于行政裁量行为的范畴，比如行政保障行为、行政许可行为、行政奖励行为、部分行政合同行为等。由于具有完全自由裁量权的行政行为不存在，授益性行政行为也应当受到司法审查[31]。"明显不当"审查标准的适用，能够有效地限制授益性行政行为的恣意性、主观性，保障授益性行政行为在法定职权范围内同样满足法律目的和社会价值。

5.4 规范性文件"明显不当"的司法审查

制定规范性文件是行政机关在社会治理过程中的一项复杂任务，因为行政机构不仅要考虑与制定规范性文件直接相关的事情，还要考虑规范性文件对社会因素、经济因素、环境因素等方面的影响。行政机关对是否制定规范性文件有很大的裁量权，但是此时司法机关对于行政机关是否制定规范性文件的决定不宜作出判断，其不具有可审查性。主要体现为是否制定规范性文件属于行政机关的治理方式，法院不宜参与到行政机关的治理方式当中。

与强制性侵权行为相比，是否作出制定规范性文件的决定通常不急需司法保护。对行政机关如何制定规范性文件，属于司法机关的审查范围，但司法机关审查的关注点应当以受到规范性文件影响的当事人为主，一般不对规范性文件的实体上的合理性进行判断。对于制定规范性文件的司法审查主要体现在程序控制上，要求行政机关说明制定规范性文件的考虑因素、制定路径，是否符合程序法定要求。行政机关在制定规范性文件之后，就必须为自己制定的规制所约束。在解释和运用规范性文件过程中，行政机关如果自行解释自己制定的规范性文件，有可能造成行政机关为满足自身利益的最大化而侵害其他相对人的情形，从而有损整个社会的法治建设。法院应当对行政机关的自我解释作出一定的限制，对行政机关作出的规范性文件中的不确定概念以及模糊内容进行独立的司法审查。法院还应当运用"明显不当"的审查标准对规范性文件中的模糊内容以及行政机关的自我解释进行审查。只有将规范性文件和行政机关的自我解释纳入对行政行为的整个司法审查体系当中，才能保证行政行为的连续性，避免规范性文件频繁和突然的变更。

CHAPTER 06 >>
第 6 章
明显不当行政行为司法审查现状

6.1 司法审查的法律依据

我国现行法律体系中，对明显不当行政行为的司法审查主要依据《行政诉讼法》。根据《行政诉讼法》第六条的规定，人民法院对行政行为是否合法进行审查，其中包含对行政行为合理性的审查[32]。该法第七十条规定，行政行为明显不当的，人民法院可以判决撤销或者部分撤销，并可以判决被告重新作出行政行为。这一规定为司法机关审查明显不当行政行为提供了直接的法律依据。

《中华人民共和国行政复议法》（以下简称《行政复议法》）则为司法审查提供了间接的法律依据。该法第七十六条规定，行政复议机关在办理行政复议案件过程中，发现被申请人或者其他下级行政机关的有关行政行为违法或者不当的，可以向其制发行政复议意见书。有关机关应当自收到行政复议意见书之日起六十日内，将纠正相关违法或者不当行政行为的情况报送行政复议机关。但其对"明显不当"的认定标准与《行政诉讼法》的相关规定具有一致性,为司法机关在审查过程中提供了参考。

在具体适用法律时,司法机关还需要结合《中华人民共和国立法法》(以下简称《立法法》)的相关规定。根据《立法法》第九十八条的规定,一切法律、行政法规、地方性法规、自治条例和单行条例、规章都不得与宪法相抵触。这一规定为司法机关审查行政行为的合法性提供了更高层次的法律依据,特别是在涉及明显不当行政行为的案件中,司法机关可以依据宪法原则对行政行为的合理性进行审查。

从法律体系的角度来看,对明显不当行政行为的司法审查还涉及《行政处罚法》、《中华人民共和国行政许可法》(以下简称《行政许可法》)等单行法律的相关规定。这些法律中关于行政行为合理性、适当性的规定,为司法机关审查特定领域的明显不当行政行为提供了具体依据。例如,《行政处罚法》第五条规定的"过罚相当"原则,为审查行政处罚行为是否构成明显不当提供了重要标准。在司法审查的具体操作中,司法机关还需要考虑《中华人民共和国人民法院组织法》(以下简称《人民法院组织法》)的相关规定。该法第四条明确规定了人民法院依法独立行使审判权的原则,为司法机关审查明显不当行政行为提供了制度保障。这一规定有助于确保司法机关能够依法独立作出判断,不受行政机关的不当干预。

《中华人民共和国法官法》(以下简称《法官法》)的相关规定也为司法审查提供了保障。根据《法官法》第七条的规定,法官依法履行职责受法律保护,不受行政机关、社会团体和个人的干涉。这一规定为法官在审理明显不当行政行为案件时提供了职业保障，有助于确保司法审查的公正性和权威性。《中华人民共和国民事诉讼法》（以下简称《民事诉讼法》）的相关规定也为司法审查提供了补充依据。虽然《民事诉讼法》主要规范民事诉讼程序，但其关于证据规则、审理程序等方面的规定，在行政诉讼中具有参照适用的价值。特别是在涉及明显不当行政行为的案件中，这些程序性规定有助于确保司法审查的规范性和公正性。我国签署的国际条约和公约也为司法审查提供了参考依据。例如，《公民权利和政治权利国际公约》中关于正当程序和平等保护的规定，为司法机关审查明显不当行政行为提供了国际法层面的参考。虽然这些国际条约在我国法律体系中的直接适用性存在争议，但其体现的法治理念和原则对司法审查具有指导意义。在司法实践中，最高人民法院发布的司法解释和规范性文件也为明显不当行政行为的审查提供了具体指引。例如，《最高人民法院关于审理行政协议案件若干问题的规定》中关于行政协议合理性的审查标准，为司法机关审查行政协议类明显不当行政行为提供了具体依据。这些司法解释和规范性文件有助于统一司法尺度，提高司法审查的规范性和可预见性。从法律解释方法的角度来看，司法机关在审查明显不当行政行为时，还需要运用文义解释、体系解释、目的解释等多种法律解释方法。这些解释方法的综合运用有助于准确理解和适用法律，确保司法审查的合法性和适当性。特别是在涉及"明显不当"这一不确定法律概念的案件中，法律解释方法的运用尤为重要。在司法审查的具体操作中，司法机关还需要考虑法律原则的适用。例如，比例原则、平等原则、信赖保护原则等行政法基本原则，为司法机关判断行政行为是否构成明显不当提供了重要标准。这些法律原则的运用有助于弥补成文法的不足，提高司法审查的灵活性和适应性。

司法机关在审查明显不当行政行为时，还需要考虑社会公共利益和行政效率的平衡。这一考量不仅体现在实体审查中，也体现在程序审查中。例如，在审查行政行为的合理性时，司法机关需要权衡行政行为的效率与对相对人权益的影响，确保司法审查既维护公平正义，又不至于过度干预行政权的正常行使。

6.2　司法审查的程序要求

在司法审查的程序要求方面，明显不当行政行为的审查程序需要遵循特定的法律框架和程序规则。根据《行政诉讼法》第七十条的规定，违反法定程序的，人民法院可以判决撤销或者部分撤销，所以法院在审查行政行为时，应当依据法定程序进行，确保审查的合法性和公正性。具体而言，司法审查的程序要求包括起诉、受理、审理和判决四个主要环节。在起诉环节，原告需要向有管辖权的人民法院提交起诉状，明确诉讼请求和事实依据。受理环节要求法院在法定期限内对起诉进行审查，符合受理条件的应当立案，不符合条件的应当裁定不予受理。审理环节是司法审查的核心，法院应当依法组成合议庭，公开开庭审理，听取双方当事人的陈述和辩论，必要时可以调查取证。判决环节要求法院在审理终结后，依法作出判决，明确行政行为是否明显不当以及相应的法律后果。

在司法审查的具体操作中，程序要求还涉及证据的收集和审查。根据《最高人民法院关于行政诉讼证据若干问题的规定》，法院应当依法审查证据的合法性、真实性和关联性。对于明显不当行政行为的审查，法院需要特别关注行政机关在作出行政行为时所依据的事实和证据，判断其是否明显缺乏合法性或合理性。此外，司法审查的程序要求还包括对行政机关的答辩和举证责任的分配。行政机关应当在法定期限内提交答辩状和相关证据，证明其行政行为的合法性和合理性。如果行政机关未能充分举证，法院可以依法推定其行政行为明显不当。

司法审查的程序要求还涉及审查期限的规定。根据《行政诉讼法》第八十一条的规定，人民法院应当在立案之日起六个月内作出第一审判决。对于明显不当行政行为的审查，法院应当在法定期限内完成，确保审查的及时性和效率。此外，司法审查的程序要求还包括审查结果的公开和透明。法院应当依法公开审理过程和判决结果，接受社会监督，确保司法审查的公正性和公信力。

在司法审查的程序要求中，还需要注意对当事人权利的保护。根据《行政诉讼法》第三条的规定，人民法院应当保障当事人的诉讼权利，确保其在诉讼过程中享有平等的诉讼地位和权利。对于明显不当行政行为的审查，法院应当特别关注对原告权利的保护，确保其合法权益不受明显不当行政行为的侵害。此外，司法审查的程序要求还包括对行政机关的监督和制约。法院应当依法对行政机关的行政行为进行审查，确保其依法行政，防止明显不当行政行为的发生。

明显不当行政行为的司法审查程序要求严格遵循法定程序，确保审查的合法性、公正性和效率。通过明确的程序要求，法院可以有效审查和纠正明显不当行政行为，保护当事人的合法权益，维护法律的权威和公信力。在明显不当行政行为的司法审查中，程序的严谨性对于维护法律尊严和公民权利至关重要。法院在审理过程中，除了要严格遵循法定程序，还需细致考量审查标准的适用性。具体而言，法院在判断行政行为是否明显不当的时候，不仅要关注法律条文的字面意义，还要结合实际情况，考虑行政行为背后的目的和原则。在证据收集和审查方面，法院应当充分运用证据规则，对行政机关提供的证据进行深入分析。这包括对证据来源的可靠性、证据内容的客观性和证据与案件事实的关联性进行综合评估。同时，法院在审查证据时，还需注意证据的取得是否符合法定程序，是否侵犯了当事人的合法权益。

关于行政机关的答辩和举证责任，法院应当根据《行政诉讼法》的相关规定，合理分配举证责任，确保行政机关在法定期限内提供充分的证据和进行答辩。在此过程中，法院应当保持独立和公正，避免对行政机关的证据和答辩给予过度信任，而是要基于事实和法律进行客观判断。审查期限的规定是对法院工作效率的考验。在保证审查质量的前提下，法院应当努力在法定期限内完成审查工作。这不仅是对法院工作效率的要求，也是对当事人合法权益的保障。法院在审理过程中，应当合理安排审理进度，避免不必要的延误。司法审查的程序要求还强调了对审查结果的公开和透明，这是对司法公信力的有力支撑。法院应当通过公开审理过程和判决书，使得司法审查的过程和结果接受社会的监督与评价，从而提升司法审查的公正性和权威性。

6.3 明显不当行政行为的审查标准

在司法实践中，明显不当行政行为的审查标准是判断行政行为是否构成明显不当的核心依据。根据《行政诉讼法》第七十条第六项的规定，行政行为明显不当的，人民法院应当判决撤销或者部分撤销。这一规定为司法审查提供了基本法律依据，但"明显不当"的具体判断标准仍需进一步明确。从司法实践来看，审查标准主要从法律标准、事实标准和程序标准三个维度展开。法律标准要求行政行为必须符合法律目的，具有适当性和必要性，不能存在明显的不合理之处。事实标准强调关注行政机关在实施具体行政行为时的事实认定是否准确、合理，以及这些认定是否与实际情况相吻合。正当程序标准要求行政行为必须遵循法定程序，保障当事人的程序权利。

6.3.1 法律标准

在司法审查中，法律标准是判断行政行为是否明显不当的核心依据。这一标准要求行政机关的行政行为必须符合现行法律法规的规定，确保其合法性与合理性。具体而言，法律标准包括但不限于以下几个方面。一是合法性原则，行政行为必须基于法律授权进行，遵循法定程序，不得超越法定权限或滥用职权。二是合理性原则，行政行为应当符合公共利益，采取的方式和手段应具有正当性和必要性，避免过度干预公民权利。三是公正性原则，行政行为应公平、公正地对待所有当事人，保障各方合法权益不受歧视或偏见。四是适当性原则，行政行为的选择和实施应与所要达到的目标相适应，避免不必要的资源浪费和损害。在司法审查过程中，对行政行为的评价不仅涉及法律标准的具体内容，还涉及这些标准在实际操作中的应用程度。例如，合法性原则的审查要点是行政行为是否基于法律授权，而适用情形则反映了该标准在司法审查中的普遍适用性。此外，合理性原则的审查要点在于行政行为是否符合公共利益，这要求审查者不仅要关注行政行为的合法性，还要考虑其对社会整体利益的影响。公正性原则的审查要点则是评估行政行为是否公平公正地对待所有当事人，这一点对于维护社会正义至关重要。最后，适当性原则的审查要点在于行政行为的选择和实施是否与所要达到的目标相适应，这要求保障审查者分析行政行为的效率和效果。

法律标准在司法审查中起着至关重要的作用，它不仅为行政行为的合法性提供了明确的判断依据，也为审查者提供了全面评估行政行为合理性的框架。通过对法律标准的深入理解和应用，可以有效提升司法审查的质量和效率，确保行政行为的合法性和合理性。但是现行审查标准仍存在一定局限性。首先，合理性标准的主观性较强，不同法官可能对"明显不当"的理解存在差异。其次，比例性标准的适用缺乏具体的量化指标，难以准确把握行政手段与目的之间的适当比例。这些问题导致司法实践中对明显不当行政行为的认定存在一定的不确定性，需要通过司法解释或指导性案例进一步明确审查标准的具体适用规则。在现行的司法审查框架下，尽管《行政诉讼法》第七十条第六项为判定明显不当行政行为提供了法律依据，但在具体实践中，如何准确把握"明显不当"的概念，仍旧是一大挑战。法院在审查过程中，不仅需要考虑行政行为的合理性、比例性和程序正当性，还需兼顾这些标准在实际操作中的灵活性和适应性。在对合理性的进一步探讨中，法院应更加注重对行政行为背后的法律目的和立法意图的深入理解，确保行政行为在具体实施时能够真正体现立法精神。例如，在涉及公共利益的行政处罚案件中，法院不仅要审视处罚幅度与违法行为严重性的匹配度，还应评估该处罚是否有利于保障公共利益，以及是否对违法行为起到了足够的震慑作用。至于比例性，尽管缺乏量化指标，但法院可以通过对比分析同类案件中的行政措施，逐步形成一套相对统一的判断尺度。这要求法院在审理案件时，不仅要关注单个案件的情况，还要将视野扩展到更广泛的司法实践中，通过案例比较，寻找合理的比例关系。

6.3.2 事实标准

在行政诉讼中，事实标准是衡量行政行为是否构成明显不当的重要依据之一。该标准主要关注行政机关在实施具体行政行为时的事实认定是否准确、合理，以及这些认定是否与实际情况相吻合。根据这一标准，如果行政机关在作出决定时，基于的事实存在问题，比如故意歪曲事实、遗漏关键事实或错误评估重要事实，则该行政行为可能被认定为事实标准上的明显不当。要判定一个行政行为是否在事实标准上存在缺陷，通常需要从以下几个方面进行分析。一是事实认定的真实性，检查行政机关所依据的事实材料是否真实可靠，包括但不限于证据的来源、内容及其与其他证据的关联性等。二是事实认定的相关性，评估行政机关所使用的事实是否与案件的具体情况相关，以及这些事实对行政决定的合理性有何影响。三是事实认定的准确性，确保行政机关在事实判断过程中没有出现明显失误，例如计算错误、逻辑推理错误或忽视关键证据等问题。四是事实认定的全面性，行政机关在作出决定时是否考虑了所有重要的事实因素，有没有忽略关键的正面或负面信息。五是事实评估的客观性，行政机关在其考量中是否保持了中立和公正的态度，没有受到偏见或其他不正当因素的影响。六是事实解释的合理性，即行政机关对复杂事实的解释是否合理，这种解释能否在法律框架内得到合理辩护。在司法审查过程中，法官会综合考量上述标准，以确保行政行为不仅基于确凿的事实，而且这些事实确实支持了行政裁决的结论。如果发现行政机关在事实认定上有明显的疏漏或错误，且这些错误足以影响行政裁决的公正性和合理性，那么该行政行为就会被认定为明显不当[1]。

事实标准不仅关乎行政行为的内部审查，还涉及对外的公信力。它直接影响公众对政府机构的信任度，以及整个法治社会的稳定性和健康发展。因此，在实际操作中，对事实标准的严格要求与适用，对于维护行政合法性和提升政府形象具有重要意义。同时，随着科技的发展和信息量的增加，行政机关处理大量复杂案件的能力和效率也面临着挑战，这要求行政机关不断提升事实认定的精确性与科学性，同时也需要运用适当的科技手段辅助决策过程，从而更好地满足公众的期望和需求。

6.3.3 程序标准

程序标准是明显不当行政行为司法审查中的重要组成部分，它确保了行政行为的合法性和合理性，特别是在程序方面存在的问题可能导致明显不当。在司法实践中，程序标准主要关注以下几个方面。[33]一是公开性，行政行为应当遵循信息公开的原则，对于重要的行政决定和事项，应当充分公开相关信息，让利益相关者和其他公众了解其具体内容和影响。未按照法律规定进行公开的行政行为可能被认定为程序不当。二是参与性，行政决策过程应当允许利害关系人的充分参与。这包括但不限于听证会制度的设立，以及行政机关在作出影响重大利益的决定前，应当听取各方意见，确保决策的公平和公正。未提供必要的参与机会，可能会导致行政裁决缺乏合理性和合法性基础。三是时限性，行政行为应当在法定或约定的时间内完成。如果行政机关未能在规定的时间内完成行政行为，或者处理时间过长，超过了合理期限，均有可能构成程序上的不当。四是正当性，行政机关在执行行政行为时，应遵循正当法律程序，确保所有参与方享有相应的权利，并保障这些权利得到有效的实现。不正当的行政程序，例如滥用职权、程序违法等，都可能构成明显不当。五是一致性，行政行为应当与先前类似案件的判例保持一致。在处理相同或相似的案件时，行政机关应该保持一以贯之的立场，避免判决标准不一带来的不确定性。如果前后裁定之间存在明显的差别，且缺乏合理的解释，那么这种差异可能被认为程序上的不当。六是反馈机制，完善的反馈机制能够保证当事人对行政行为有及时的反馈渠道，同时也为行政机关提供了自我纠错的空间。在缺乏有效反馈机制的情况下，公民和企业可能无法充分表达他们的意见和不满，从而影响行政行为的质量和公信力。七是责任机制，明确的程序标准还应当包含责任追究机制。对那些违反程序规定的行政机关及其工作人员，应当根据具体情况追究其法律责任，这不仅有助于预防未来的程序不当行为，也能提高行政效率和合法性。程序标准是确保行政行为正当性的关键要素之一。通过严格遵守这些标准，可以有效减少行政失误和违法行为的发生，维护法律的权威和社会的公平正义。完善和细化程序标准，对于提升我国司法审查的整体水平具有重要意义。

从司法判例来看，法院在适用这些标准时，往往会结合具体案情进行综合判断。例如，在"杜某、杜某某与某某镇人民政府行政协议纠纷一案"[（2019）川01行终1206号][34]中，法院认为，案件系因行政机关错误适用补偿标准而致使补偿标准明显不当引发的行政纠纷。这些案例表明，法院在审查行政行为是否构成明显不当时，会综合考虑行政行为的法律标准、事实标准和程序标准。

6.4 司法审查中存在的问题

"明显不当"审查标准的确立为司法机关审查行政行为提供了一种新的审查标准，但是法律对明显不当这一概念并未作出明确规定，因此也为司法机关如何适用这一标准留下了模糊地带，由于法院在司法实践中存在法条主义倾向，司法审查在不同法院之间的适用标准不一。

6.4.1 明显不当行政行为司法审查的功能定位不清

在当前的法律体系中，对明显不当行政行为进行司法审查的目的与功能定位不清,这是影响该制度有效运行的重要因素之一。这种模糊性不仅表现在对司法审查职能的理解上,还体现在对审查效果和目标的追求上。一是在现有法律框架下,对明显不当行政行为的审查被广泛认为是对行政机关权力的约束和制衡。然而,对于这种审查是应该更多地维护公权力运作的正当性,还是促进私益保护的问题,学术界和实务界存在较大分歧。这直接导致在具体的审查实践中,审查重心往往偏移到监督公权力方面,而忽视了对当事人权益的保护。二是具体到审查标准的适用上,缺乏明确的区分和判断标准使司法审查往往流于形式。例如,在判定一项行政行为是否"明显不当"时,很难在现有法律条文中找到一个统一的标准。这种不确定性不仅增加了司法机关的工作难度,也降低了公众对司法公正性的信任。三是从司法审查的功能角度看,审查机制未能有效适应我国社会发展的需要,特别是在保护公民个人权益和社会公共利益方面,审查机制显得力不从心。现行的司法审查制度过分强调行政行为的形式合法性,而忽略对行政行为实质合理性的考量。这种偏向使一些不合理或侵犯公民合法权益的行为仍然能够得到允许,难以从根本上提高行政行为的质量和效率。四是在对明显不当行政行为司法审查的结果评估方面,缺乏有效的反馈机制和监督手段。这不仅导致审查结果无法得到有效执行,也使公众难以通过司法途径获得公平合理的解决,从而降低了审查制度的实际效能。五是目前关于明显不当行政行为司法审查的理论研究相对滞后,缺乏系统的理论支撑。这种情况下,司法实践往往依靠经验主义和案例总结来指导,缺少理论上的指导和创新,限缩了司法审查制度的发展空间。

在明显不当行政行为的司法审查实践中,审查标准的模糊性是一个亟待解决的核心问题。根据《行政诉讼法》第七十条的规定，行政行为明显不当的，人民法院可以判决撤销或者部分撤销。然而，法律并未对"明显不当"的具体标准作出明确界定，导致司法实践中存在较大争议。从学理角度分析，明显不当行政行为应当具备三个基本特征：一是行为结果与立法目的明显背离；二是行为方式明显违反比例原则；三是行为后果明显损害公共利益或他人的合法权益。但在具体适用中，这些标准仍显抽象，难以形成统一的操作规范。

司法实践中，法官对"明显不当"的认定主要依赖于自由裁量权。根据最高人民法院发布的指导性案例，法院在判断行政行为是否明显不当时，通常会考虑以下因素：行政行为的目的是否正当、手段是否必要、结果是否合理、是否存在更优的替代方案等。然而，这些判断标准仍然缺乏具体的量化指标，导致不同法院对类似案件的裁判结果可能存在差异。例如，在涉及行政处罚的案件中，对于罚款数额是否明显不当，不同法院可能基于对案件事实的不同理解而作出截然不同的判断。

域外司法审查制度对行政裁量权的控制提供了有益借鉴。德国行政法中的"裁量瑕疵理论"将裁量瑕疵分为裁量逾越、裁量怠惰和裁量滥用三种类型，其中，裁量滥用与我国的明显不当行政行为具有相似性。美国行政法中的"武断与任意标准"则为判断行政行为是否明显不当提供了更为具体的审查标准。这些域外经验表明，通过类型化分析和具体标准的构建，可以有效减弱审查标准的模糊性。

审查标准的模糊性还可能导致司法审查功能的弱化。一方面，过于宽泛的审查标准可能使法院过度干预行政裁量权，影响行政效率；另一方面，过于严格的审查标准可能导致明显不当行政行为得不到有效纠正，损害行政相对人的合法权益。因此，有必要在尊重行政裁量权与保障司法审查权之间寻求平衡。具体而言，可以通过司法解释、指导性案例等方式，对明显不当行政行为的认定标准进行细化，建立类型化的审查规则，提高司法审查的可预见性和统一性。

此外，审查标准的模糊性还可能影响行政行为的可预期性。行政机关在作出行政行为时，无法准确预判法院对"明显不当"的认定标准，可能导致其过于谨慎或过于冒进，影响行政效率。因此，明确审查标准不仅有利于规范司法审查行为，也有助于引导行政机关依法行使裁量权，促进法治政府建设。在未来的制度完善中，应当充分考虑行政行为的多样性和复杂性，建立分领域、分类型的审查标准体系，为司法审查提供更为明确的指引。在深入探讨明显不当行政行为司法审查的模糊性问题时，我们还需关注审查标准对行政相对人预期的影响。由于缺乏明确的标准，行政相对人在面对行政行为时，往往难以预判其是否将被法院认定为明显不当。这种不确定性不仅增加了行政相对人的法律风险，也可能导致其在法律行为中过于谨慎，影响社会经济活动的正常进行。

有必要进一步明确和规范明显不当行政行为司法审查的功能定位，重新审视审查的重点和目的，完善相关法律和操作指南，建立科学、合理的审查标准和评价体系。加强对《行政诉讼法》中"明显不当"概念的司法解释，通过具体案例的分析，逐步形成一套可操作的判断标准。例如，可以通过对行为结果与立法目的之间差距的量化分析、对行为方式是否符合比例原则的具体考量，以及对行为后果对公共利益或他人合法权益影响的详细评估，来明确审查的具体标准。可以借鉴域外经验，构建一套类型化的审查规则。比如，可以参考德国的裁量瑕疵理论，将明显不当行政行为细分为若干类型，并针对每种类型设定相应的审查标准。这样不仅有助于提高司法审查的准确性和一致性，也能为行政机关提供明确的指引，促使其更加审慎地行使裁量权。

同时，应加强对司法审查制度的研究和理论创新，探索更多适应社会发展需要的审查方式和方法，以提升审查制度的整体效能和公正性。通过司法解释、案例分析和类型化审查规则的构建，有望为明显不当行政行为的司法审查提供更为明确的指引，从而提高行政行为的可预期性，促进法治政府建设。此外，还需加强公众对司法审查的认识和教育，增强公民的法律意识，营造全社会共同参与和支持司法审查的良好氛围。这不仅有助于维护行政相对人的合法权益，也有利于保障司法审查的公正性和效率。

6.4.2 "明显不当"审查标准适用范围的泛化

行政裁量权作为行政机关的最重要权力之一，可以保障政府更好地履行法定职能。但在现实生活中，行政机关在行使裁量权作出行政行为时仍然出现了权力滥用、权力寻租等现象。虽然通过立法确立了"明显不当"这一司法审查标准，但是明显不当属于不确定概念，无法明确其具体内涵及外延，在现实司法实践中缺乏可行性。明显不当行政行为对行政机关、司法机关呈现出不同的价值取向。行政机关在作出行政行为时，并不能明确认识到会产生哪种具体的行政结果，只能通过法律目的、基本原则、社会价值标准等方面判断所作出的行政行为是否能达到预期目的。因此行政机关在行使裁量权过程中更加注重行政行为的主动性、效率性。同时不明确的审查标准对行政执法人员的执法能力是一种考验，因为对标准认识的不统一，容易造成相似情形的行政结果不同，从而导致对行政资源的浪费。司法机关在适用明显不当审查标准对行政行为进行审查时，能够通过具体的行政结果来判断行政行为是否合理，运用完整的明显不当审查标准，司法机关更加注重行政行为的合理性、公正性。但是由于明显不当审查标准内容的不确定，容易出现两种截然不同的审查结果，对于模糊的行政行为，司法机关容易出现不予判定或导致适用明显不当审判标准泛化。

《行政诉讼法》第七十条所规定的人民法院判决撤销或部分撤销的行政行为主要有：主要证据不足的；适用法律、法规错误的；违反法定程序的；超越职权的；滥用职权的；明显不当的。在司法实践中，法院判决撤销或部分撤销的行政行为主要是上述六种。而明显不当的行政行为的判定标准与其他五类审查标准存在交叉、竞合的关系，在司法实践中，法院在适用明显不当作为判定行政行为的依据时表现出极大的热情，明显不当审查标准通过单独适用或与其他标准共同适用的方式在司法审判中得以运用。明显不当审查标准作为独立的司法审查依据，具有独立的特性。明显不当主要是从客观结果的角度针对行政裁量权进行判断，对行政行为的合理性进行审查，但对明显不当审查标准不宜作过宽理解，还是应当从行政结果的畸轻畸重问题进行考量。对于符合此类情形的行政行为，法院可以独立引用"明显不当"作为审判依据。对于行政行为既符合明显不当又符合其他撤销理由的，即明显不当审判标准与其他撤销理由存在交叉、竞合的关系时，法院通过只认定明显不当来撤销行政行为。明显不当行政行为在与其他撤销理由同时存在的情况下，也存在只以明显不当为撤销理由进行宣判的情况，在司法实践中，明显不当行政行为的适用范围已经呈现出泛化趋势。

6.4.3 明显不当行政行为司法审查标准不明确

我国在对明显不当行政行为的司法审查中存在一个显著的问题，即缺乏明确具体的规定来判定一项行政行为是否构成"明显不当"。这一问题直接导致了审查标准的模糊性和不确定性,从而影响了司法审查的效果和效率。以下是关于这一问题的具体分析[35]。一是法律规定过于宽泛。目前,对于什么是"明显不当"的行政行为,并没有一个清晰明确的法律条文进行界定。这种宽泛性给法官和审查人员在实际操作中带来了很大的自由裁量空间,但同时也导致判断结果的不一致性,因为不同法官或审查人员可能会基于自己的理解来判断同一行为的适当性,这在很大程度上削弱了司法审查的权威性和公信力。二是缺乏针对性的案例指导。尽管存在一些涉及明显不当行政行为司法审查的案例,但由于缺少系统性的案例研究和总结,这些案例往往不具备普遍指导意义。因此,在缺乏有针对性的案例指导的情况下,法官在处理新的案件时往往难以找到相似度高的案例来进行参考,导致难以形成一致的审查标准。三是理论与实践脱节。虽然一些学者提出了关于判断明显不当行政行为的标准,如合理性、正当性等,但在实践中应用这些标准时,仍面临着如何具体化的挑战。特别是在面对日益复杂的行政行为时,如何将抽象的原则转化为具体的判断标准,成为一个待解难题。四是跨部门协调不足。明显不当行政行为司法审查涉及多个法律法规和行政程序,需要政府部门之间以及政府部门与司法机关之间的良好沟通与协作。目前,由于缺乏有效的协调机制,各部门在执行相关规定的过程中往往各自为政,难以形成统一的审查标准和处理意见。五是技术手段运用不足。在现代社会背景下,使用先进技术手段辅助司法审查已成为趋势。然而,我国在这一领域的应用还相对落后,尚未充分利用大数据、人工智能等现代科技手段来提高审查的准确性和效率,这也在一定程度上加剧了审查标准的不确定性。

明确具体判断标准对于完善我国明显不当行政行为的司法审

查体系具有重要意义。通过制定更为具体和明确的法律条文、强化案例指导、促进理论与实践的有效结合、加强政府间协调及积极应用现代技术手段，可以有效解决现有审查标准模糊不清的问题，从而提升司法审查的整体质量和效率。

6.4.4 相关制度衔接不足

"明显不当"审查标准尚未形成制度体系，未能构建对行政行为的判断、评价、矫正的完整制度体系。我国关于明显不当行政行为的规定多以碎片化、分散化形态存在于整个行政法律体系中，在适用范围、适用类型上并未作出明确规定，仅将行政机关行使裁量权中产生的极端不合理的情形纳入合法性的范畴，法院在行政诉讼中对明显不当行政行为难以作出恰当的法律处分。明显不当行政行为的判定前提是行政机关行使行政裁量权。通过明显不当的审查标准限制行政裁量权，防止行政裁量权被滥用从而影响私人利益或公共利益，明显不当审查标准是与行政裁量权密切相关的。而我国对于裁量权的创建和设定并未与明显不当行政行为的制度建设相匹配。

行政复议与行政诉讼制度之间的衔接不足。对于行政复议而言，合理性原则在行政复议过程中得到广泛应用，在行政复议中，要对行政行为的合理性进行审查；而行政诉讼制度却缺乏对行政行为合理性审查的具体要求，仅进行合法性审查。行政复议与行政诉讼制度之间的脱节，导致行政相对人的合法权益无法获得完整救济，违背现行法治原则。"明显不当"在行政诉讼中虽然体现了对行政行为的有限合理性审查原则，但要与行政复议审查标准、审查依据、审查结果之间形成动态统一的关系。如果对于同一行政行为的审查存在不同的审查体系，将会人为地割裂整个行为评判体系，既无法有效限制行政机关的裁量权，又无法控制明显不当的行政行为。在行政诉讼和行政复议过程中，对明显不当行政行为的审查往往侧重法律、事实和程序三大标准。然而，我国目前在对明显不当行政行为的司法审查上主要采用单一看待问题的方法，这种审查方式的局限性不容忽视。一是立法限制。现行法律体系中，关于明显不当行政行为的审查方式较为单一，主要依赖书面审查手段，缺乏对实质正义与程序正义的深入探讨。这种状况限制了法院审理案件的深度与广度，影响了审查结果的公正性和准确性。二是实证分析不足。在具体案件的处理过程中，法官往往更加注重形式上的合法性审查，对于行政机关行为背后的真实原因和动机缺乏深入的探究。在这种情形下，即便法官能够识别出行政行为的不合理性，也难以精准地进行实质性纠正。三是制度设计不完善。从制度层面看，当前我国尚未建立完善的调查取证机制。这就导致即便某些行政行为具有明显的不当性，因为证据收集困难，相关机关难以提供充分而有效的证据支持自己的主张，从而无法为当事人争取到应有的权利保护。四是审查结果的同质化问题。审查方式过于单一，加之没有形成合理评价行政行为正当性的有效渠道，导致审查结果同质化现象严重。在这种情况下，即使是存在明显不当行为的情况，也可能由于审查方式的僵化而被错判为符合法律规定，这对于维护行政合法性原则与法律权威是极为不利的。五是缺乏针对性的应对措施。在应对明显不当行政行为时，缺乏针对性的对策和措施。例如，在遇到复杂案件时，现有的审查方法往往难以满足实际需求，难以达到预期的审查效果。

明显不当行政行为的司法审查与新《行政诉讼法》第七十条其他审查标准的制度衔接问题。明显不当审查标准是对行政行为的合理性问题作出评判，作为不确定概念，不能明确固化其具体的内涵和外延，因此与其他审查标准关联中存在相互交叉的范围。法院在判断、评价行政行为时会出现各审查标准之间存在竞合的关系。要改变这种状况，首先，需要从立法层面加强对明显不当行政行为审查方式的研究，引入更多的审查手段，如实地调查、专家评估等，以提高审查的科学性和合理性。其次，应加强对行政机关和法官在执行审查工作中的指导与监督，确保审查工作的公正、有效。此外，还需推动法治教育，增强公众对司法审查重要性的认识，通过社会监督等方式，促进司法审查制度的不断完善和发展。最后，加大对审判人员的培训力度，培养他们运用多种方法进行全面审查的能力，确保他们能够精准、有效地判断并处理明显不当行政行为。通过这些措施，可以显著提升我国在处理明显不当行政行为司法审查时的效率和质量，进一步加强司法公正和社会公平。

6.4.5 缺乏对不同情况的区分

在明显不当行政行为的司法审查中，法律和制度普遍存在缺乏对不同情况加以区分的问题。这一问题直接影响了司法审查的准确性和效率，导致司法资源的不合理分配以及审查结果的不确定性。为更深入地分析这一问题，可以从以下几个方面进行探讨。一是案例类型多样，现有标准难以全面覆盖。在行政行为中，明显不当的情况包括但不限于程序违法、事实认定错误、适用法律错误、侵犯公民合法权益等情形。然而，现有的司法审查标准往往无法囊括所有可能的情况，导致在具体案件处理过程中，法官面对不同的不当行政行为时，难以精准判断和适用相应的法律条款。二是公共利益与个人权利平衡。在某些案件中，政府在行使公共权力时可能会涉及对公民个人权益的限制或损害，这种情况下如何处理好公共利益与个人权利之间的平衡是一个难题。司法审查在这一环节常常缺乏明确的标准，容易造成过度保护个人权益而忽视公共利益，或过度强调公共利益而忽视个人权益。三是地域差异性大。不同地区的社会经济条件、法律传统和文化背景存在显著差异，这导致相同类型的行政行为在不同地区引起的负面影响不同。由于缺乏对这种地域差异的考虑，现有的司法审查标准很难在不同地区都适用得当。四是时间因素影响。司法审查的案例随着时间的推移会逐渐积累，新的法律规定、社会观念的变化也可能影响原有的司法审查标准。但是，现有司法审查标准往往没有充分考虑到这些时间性的因素，使新旧案件之间可能存在标准应用上的不一致问题。五是专业领域特定性。在某些专业领域，如环保、医疗、金融等，其特有的法律法规和行业标准可能会对明显的不当行政行为有不同的判断标准。司法审查在面对这些专业领域时，若缺乏针对性的指导原则或参照体系，就容易出现误判或错过应当识别的不当行为。六是技术进步带来的挑战。随着科技的发展和社会的进步，新的技术和产业不断涌现，这对行政行为的合法性和适当性提出了更高的要求。但是，现行的司法审查制度往往不能及时适应新技术带来的变化，导致对新出现的不当行政行为缺乏有效的司法审查标准。

6.4.6 "明显不当"审查标准的结论不完善

"明显不当"审查标准在司法审查中侧重于审查行政行为的合理性问题，评价行政目的与手段之间的关系。法院对于明显不当行政行为的认定具有结果导向性，对作出的行政目的判断通过行政结果进行验证，通过分析具体的行政结果或可以预期能够得到明确结果，逆向佐证行政机关作出行政行为的目的是否合理。判定作出的行政行为是否达到了预期目的，行政手段是否在必要的范畴内。对于相同概念或具有相似法律关系的案件，因"明显不当"审查标准的结果导向性，法院根据事后的实际结果进行考量，可能得出不同的裁判结果。行政机关可以通过这种审判规则逃避违法惩罚。在当前的法律体系中，对明显不当行政行为进行司法审查的目的与功能定位不清，这是影响该制度有效运行的重要因素之一。这种模糊性不仅表现在对司法审查职能的理解上，还体现在对审查效果和目标的追求上。一是在现有法律框架下，对明显不当行政行为的审查被广泛认为是对行政机关权力的约束和制衡。然而，对于这种审查是应该更多地维护公权力运作的正当性，还是促进私益保护的问题，学术界和实务界存在较大分歧。这直接导致在具体的审查实践中，审查重心往往偏移到监督公权力方面，而忽视了对当事人权益的保护。二是具体到审查标准的适用上，缺乏明确的区分和判断标准使司法审查往往流于形式。例如，判定一项行政行为是否"明显不当"时，很难在现有法律条文中找到一个统一的标准来进行衡量。这种不确定性不仅增加了司法机关的工作难度，也降低了公众对司法公正性的信任。三是从司法审查的功能角度看，审查机制未能有效适应我国社会发展的需要，特别是在保护公民个人权益和社会公共利益方面显得力不从心。现行的司法审查制度过分强调行政行为的形式合法性，而忽略对行政行为实质合理性的考量。这种偏向使一些不合理或侵犯公民合法权益的行为仍然能够得到允许，难以从根本上提高行政行为的质量和效率。四是在对明显不当行政行为司法审查的结果评估方面，缺乏有效的反馈机制和监督手段。这不仅导致审查结果无法得到有效执行，也使公众难以通过司法途径获得公平合理的解决，从而降低了审查制度的实际效能。

6.5 典型案例分析——杜某、杜某某与某某镇人民政府行政协议纠纷一案

6.5.1 案例简介

6.5.1.1 案件基本情况

杜某、杜某某与某某镇人民政府行政协议纠纷一案是一起典型的行政诉讼案件，涉及房屋征收过程中行政机关的明显不当行为。杜某、杜某某系杜某建的儿子和女儿。杜某建系某某镇五星村5组村民，其被拆迁的房屋位于某某镇五星村5组。2014年12月28日，成都市人民政府作出成府土〔2014〕633号《关于成都市2014年第138批（金某县）城镇建设用地实施方案的批复》，同意将某某镇五星村5组的集体农用地转为建设用地，并征收为国有。2014年12月29日，金某县人民政府作出〔2014〕第12号《金某县人民政府征收土地公告》，该公告中载明被征地村组涉及某某镇五星村5组。2015年1月12日，金某县国土资源局作出〔2014〕第12号《征收土地补偿安置方案公告》，载明被征地村组涉及某某镇五星村5组，以及征收土地补偿费用、安置补助费的标准及支付方式。2015年1月28日，金某县人民政府作出《关于某某镇五星村4组等征收土地补偿安置方案的批复》。2017年11月1日，杜某建在《金某县国家建设征收土地地面附着物补、赔偿登记表》上签字确认房屋面积为335.36m^2，以及土地地面附着物情况及赔偿金额后，与某某镇政府签订《拆迁安置补偿协议》，该协议对房屋及其他附着物补偿、住房安置、统规统建安置的过渡期限、搬家费用、搬迁期限等进行了约定。某某镇政府于2017年11月14日通过银行转账的方式向杜某建支付拆迁安置补偿费148 532.00元。2017年11月16日，杜某建向原审法院提起行政诉讼，请求

依法确认2017年11月1日其与某某镇政府签订的《拆迁安置补偿协议》无效。经审理，原审法院于2017年12月20日作出（2017）川0182行初32号行政判决书，判决驳回杜某建的诉讼请求。杜某建不服，向中级人民法院提起上诉，又于2018年6月26日申请撤回上诉。中级人民法院于2018年6月28日作出（2018）川01行终388号行政裁定书，裁定准予杜某建撤回上诉。杜某建于2019年1月21日再次向原审法院提起行政诉讼，请求依法对2017年11月1日签订的《拆迁安置补偿协议》中征地拆迁安置补偿费用的计算标准予以变更，变更为按照金堂府发（2014）12号《金某县集体土地征收补偿安置实施办法》中的标准计算。案件审理过程中，杜某建因病去世，其近亲属杜某、杜某某于2019年6月5日向一审法院提交《变更原告申请书》。经一审法院审查，杜某、杜某某符合原告条件，遂通知二人作为原告参加诉讼。

本案二审的争议焦点有三：一是杜某、杜某某提起本案行政诉讼是否已经超过法定的起诉期限；二是原审法院直接判决变更《拆迁安置补偿协议》适用的安置补偿标准是否具有法律依据；三是本案作为行政协议诉讼应当如何选择适用适当的行政诉讼判决类型。案件的核心争议点在于，杜某认为某某镇政府在房屋征收过程中没有充分考虑其合法权益，尤其是补偿标准不公平和征收程序不透明。

通过对案件基本情况的梳理，可以看出，这起案件不仅涉及行政行为的合法性问题，更深层次地反映了在具体执行过程中，如何平衡公共利益与个人权益之间的关系，以及如何通过司法审查来确保行政行为的正当性和合理性。

6.5.1.2 案件审理经过

该案件涉及的主体是原告杜某和被告某某镇政府，围绕房屋征收决定的合法性和适当性展开较量。

案件启动之初，杜某居住多年的房屋被纳入政府的拆迁计划，因其觉得适用拆迁安置补偿标准不当，自己的合法权益受到了侵害，遂向人民法院提起了诉讼，要求重新对征地拆迁安置补偿款进行计算。

案件受理后，法院依照法律规定，进行了一系列准备工作，包括但不限于对案件事实的调查、证据的收集以及法律适用的探讨。其中，针对原告提出的指控，法院重点审查了被告征收行为的合法性以及适当性，特别是征收过程中是否侵犯了原告的合法权益。

在审理过程中，法庭听取了双方的意见陈述，包括杜某、杜某某的起诉是否已经超过起诉期限；杜某、杜某某是否系重复起诉；是否应当按照金堂府发（2014）12号《金某县集体土地征收补偿安置实施办法》中的标准计算征地拆迁安置补偿费用。随后，案件的重点转移到审查被告征收决定的程序正义和实体公正上。法院详细审阅了被告提供的征收决定书及相关附件，重点关注了被告在征收过程中的信息披露情况、公众参与程度以及补偿标准的合理性等问题。

法院通过对案件事实的全面考察和法律原则的深入分析，认为被告虽然在征收过程中采取了一系列措施以保障被征收人的权益，但仍然存在一些明显的不当之处。案件系因行政机关错误适用补偿标准而致使补偿标准明显不当引发的行政纠纷，人民法院应当审慎选择有利于化解行政纠纷的方式进行处理。基于上述发现，法院最终认定被告作出的房屋征收决定存在明显不当的问题，因此依法判决撤销该征收决定，并责令被告重新作出征收决定。

这一案件的审理过程不仅体现了法院对行政行为监督的重要

性，也反映了司法审查对于保障公民合法权益、维护社会公平正义的重要作用。通过此案，我们可以看到，司法机关在面对明显不当的行政行为时，秉持公正裁判原则，致力于保护当事人的合法权益，同时也对行政机构的行为提出了改进建议，这有助于推动行政机关依法行政、合理行政。

6.5.2 案件争议焦点

6.5.2.1 杜某、杜某某的起诉是否已经超过起诉期限

关于杜某、杜某某的起诉是否已经超过起诉期限的问题。杜某建于2017年11月1日与某某镇政府签订《拆迁安置补偿协议》，因其对《拆迁安置补偿协议》的效力有异议，遂于2017年11月16日向原审法院提起行政诉讼，请求依法确认《拆迁安置补偿协议》无效。判决后杜某建不服提起上诉，又于2018年6月26日申请撤回上诉。杜某建于2019年2月21日再次提起诉讼，请求依法将《拆迁安置补偿协议》中征地拆迁安置补偿费用的计算标准变更为按照金堂府发（2014）12号《金某县集体土地征收补偿安置实施办法》中的标准计算。根据《中华人民共和国行政诉讼法》第四十八条关于"起诉期限的扣除"的规定，以及《最高人民法院关于适用〈中华人民共和国行政诉讼法〉的解释》第六十四条关于起诉期限的规定，在计算本次行政诉讼的起诉期限时应扣除杜某建第一次行政诉讼经历的时间。因此，杜某、杜某某该次提起行政诉讼并未超过起诉期限，某某镇政府主张杜某、杜某某起诉期限超过法定起诉期限的主张，原审法院不予采纳。

6.5.2.2 关于杜某、杜某某是否系重复起诉的问题

根据《最高人民法院关于适用〈中华人民共和国行政诉讼法〉的解释》第一百零六条关于"重复起诉的构成条件"的规定，本案中杜某建前一个行政诉讼是因其认为某某镇政府签订《拆迁安

置补偿协议》的程序违法，故主张确认《拆迁安置补偿协议》无效，系确认之诉。本案是因拆迁安置补偿款计算标准错误而主张的变更之诉。前诉与后诉的诉讼请求并不相同，不构成重复起诉。

6.5.2.3 关于是否应当适用金堂府发（2014）12号《金某县集体土地征收补偿安置实施办法》中的标准对杜某建的拆迁安置补偿费用进行计算的问题

根据2014年12月28日成都市人民政府作出的成府土〔2014〕633号《关于成都市2014年第138批（金某县）城镇建设用地实施方案的批复》、2014年12月29日金某县人民政府作出的〔2014〕第12号《金某县人民政府征收土地公告》、2015年1月12日金某县国土资源局作出的〔2014〕第12号《征收土地补偿安置方案公告》，以及2015年1月28日金某县人民政府作出的《关于某某镇五星村4组等征收土地补偿安置方案的批复》，杜某、杜某某的父亲杜某建被拆除的房屋位于金某县某某镇五星村5组，属于上述土地征收项目的征收范围。该土地征收项目于2014年12月28日经成都市人民政府批复后启动。某某镇政府于2017年11月1日与杜某建签订《拆迁安置补偿协议》，此时应当适用金堂府发〔2014〕12号《金某县集体土地征收补偿安置实施办法》中的标准对杜某、杜某某的征地拆迁安置补偿费用进行计算。故对于杜某、杜某某请求变更适用金堂府发〔2014〕12号《金某县集体土地征收补偿安置实施办法》中的标准对征地拆迁安置补偿费用进行计算的诉讼请求，原审法院予以支持。遂根据《行政诉讼法》第七十七条的规定，判决变更某某镇政府于2017年11月1日与杜某建签订的《拆迁安置补偿协议》中征地拆迁安置补偿款的计算标准为适用金堂府发〔2014〕12号《金某县集体土地征收补偿安置实施办法》中的标准，重新对征地拆迁安置补偿款进行计算。

宣判后，某某镇政府向市中级人民法院提起上诉称，本案系某某镇政府与杜某、杜某某履行拆迁安置协议的纠纷，不是行政处罚纠纷，原审法院适用《行政诉讼法》第七十七条的规定系法律适用错误，应当适用《行政诉讼法》第七十条的规定，判决某某镇政府重新作出行政行为。

6.5.3 法院判决

关于原审法院直接判决变更《拆迁安置补偿协议》适用的补偿安置标准是否有法律依据。《行政诉讼法》第七十七条规定了行政诉讼中的变更判决，"行政处罚明显不当，或者其他行政行为涉及对款额的确定、认定确有错误的，人民法院可以判决变更"，变更判决的适用条件一般包括：（1）被诉行政行为已经作出并有效；（2）被诉行政行为具有非专属于行政机关的裁量性；（3）法律法规规定法院可以判决变更；（4）原告的权益属于主观公权利。

具体到本案，首先，从法律法规的规定来看，行政法相关法律法规未明确规定行政协议类案件可以适用变更判决。根据《行政诉讼法》第七十七条的规定，行政诉讼中的变更判决适用于"行政处罚明显不当""行政行为对款额的确定、认定确有错误"的情形；行政协议是2015年《行政诉讼法》实施后纳入行政诉讼受案范围的新的诉讼类型，该法第七十八条规定了行政协议案件的判决形式："被告不依法履行、未按照约定履行或者违法变更、解除本法第十二条第一款第十一项规定的协议的，人民法院判决被告承担继续履行、采取补救措施或者赔偿损失等责任。被告变更、解除本法第十二条第一款第十一项规定的协议合法，但未依法给予补偿的，人民法院判决给予补偿。"故从法律条文来看，对于行政协议案件的判决方式，《行政诉讼法》并未规定人民法院可以直接判决变更。能否对《行政诉讼法》第七十七条的规定进行扩充解释，认为可以适用于行政协议这一兼具公私属性的特殊双方行政行为，法律、司法解释并未明确。同时本案中更为显著的是当下行政诉讼语境下的变更判决还应当严格限定于"数额的确定、认定"，本案所涉的补偿安置适用标准问题属于行政机关综合裁量适用的问题，不属于可以直接确定、认定数额的问题。综上，对于行政协议中非"数额"行政行为在裁判中直接判决变更协议条款明显缺乏法律依据。

其次，从司法权与行政权的关系角度来看，安置补偿协议中的补偿标准问题更多体现了行政管理中行政先行原则，法院不应直接在司法判决中认定应适用的补偿标准。司法权是指司法机关行使审判、监督法律的权力，本质为判断权，以追求案件的公平正义为己任，更着重于对行政权的行使进行判断，从而捍卫人民权利，对法律进行守护；行政权是指行政机关执行法律规范、实施行政管理活动的权力，其本质为管理权，以更好地管理社会公共事务为目标。行政权为了更好、更快、更有效地实现其社会管理目标，需要更多的自由裁量权和更大的弹性空间，这也是现代国家的内在要求和行政权应对各种突发事件的必然要求。在集体土地征收补偿领域，《中华人民共和国土地管理法实施条例》（2014年修订）第二十五条第三款规定："……对补偿标准有争议的，由县级以上地方人民政府协调；协调不成的，由批准征收土地的人民政府裁决。……"《最高人民法院关于审理涉及农村集体土地行政案件若干问题的规定》（法释〔2011〕20号）第十条规定："土地权利人对土地管理部门组织实施过程中确定的土地补偿有异议，直接向人民法院提起诉讼的，人民法院不予受理，但应当告知土地权利人先申请行政机关裁决。"从法规、司法解释关于补偿标准救济程序的规定来看，对土地征收补偿问题尤其是相关补偿具体问题的规定明显体现了行政先行原则，法院通过对补偿个案某一点上的审查容易造成"一斑窥豹"，由此直接确定的补偿标准并不一定能够保障行政管理中的公私利益平衡，而行政机关先行处理对于提升行政管理效率、直接就地化解矛盾纠纷、节约司法资源，同时保障补偿过程中公共利益不受损更具有意义，故征收补偿标准问题的先行确定适用更多体现了行政机关的专属裁量。对于土地征收补偿问题，司法权应秉持谦抑原则，司法审查更多体现在后续对行政机关适用标准的合法性、是否明显不当进行判断、监督，对未经行政机关先行处理的争议，不宜在司法判决中径行代替行政机关确定应当予以适用的补偿标准。本案中，某某镇政府所提上诉理由的一项即认为本案应当判决责令重作，实质上也包含了认为补偿标准即使不当也应由其先行处理的内涵。

最后，从有关民事法律规范的适用角度来看，本案中涉及的情形也不应直接判决变更。原《中华人民共和国合同法》（现已失效）第五十四条规定，因重大误解订立的或订立合同时显失公平的合同，当事人一方有权请求人民法院或者仲裁机构变更或者撤销；一方以欺诈、胁迫的手段或者乘人之危，使对方在违背真实意思的情况下订立的合同，受损害方有权请求人民法院或者仲裁机构变更或者撤销。根据该条规定，单方请求变更合同必须符合重大误解、显失公平、欺诈、胁迫的情形。为保护交易稳定性，司法机关应当慎重认定协议中的重大误解、显失公平、欺诈、胁迫。从双方的一、二审诉辩意见来看，双方在一、二审中均未主张本案中存在重大误解或欺诈胁迫的情形；而对于民事诉讼中的显失公平，《最高人民法院关于贯彻执行〈中华人民共和国民法通则〉若干问题的意见（试行）》（已废止）第七十二条规定："一方当事人利用优势或者利用对方没有经验，致使双方的权利义务明显违反公平、等价有偿原则的，可以认定为显失公平。"《最高人民法院关于适用〈中华人民共和国合同法〉若干问题的解释（二）》（已废止）第二十六条规定："合同成立以后客观情况发生了当事人在订立合同时无法预见的、非不可抗力造成的不属于商业风险的重大变化，继续履行合同对于一方当事人明显不公平或者不能实现合同目的，当事人请求人民法院变更或者解除合同的，人民法院应当根据公平原则，并结合案件的实际情况确定是否变更或者解除。"本案中，杜某是否依据订立的《拆迁补偿安置协议》获得公平、合理的补偿，某某镇政府是否利用优势或者利用被征收方没有经验，损害被征收人杜某的合法权益或是否因给予其过高的补偿而损害公共利益，属于对补偿行为进行综合审查的系统性问题，不仅取决于适用补偿标准的问题，还涉及安置面积、安置人口等补偿中的具体问题。事实上，本案上诉中某某镇政府亦自认订立协议可以适用金堂府发〔2014〕12号《金某县集体土地征收补偿安置实施办法》中的标准，但其认为如适用新的补偿标准，住房安置人口可能会发生变化，综合计算，杜某可能获得的相关补偿将低于订立的协议（被上诉人杜某对某某镇政府的此项上诉意见持反对意见）。故仅凭补偿标准适用不当，并不足以认定补偿本身明显不公平，更不能据此认定已经构成了合同法意义上的显失公平的情形。而且行政协议案件审理过程中应优先考量适用行政法律规范，根据如上分析补偿标准问题中应予坚持的行政先行原则，因补偿问题应由行政机关先行处理，映射到适用民事法律规范中，当事人所提出的变更协议执行补偿标准的诉讼请求，实际上也因行政法律规范的限制而缺乏相应的民事请求权基础，故亦不宜依据民事法律规范直接判决变更补偿标准。

根据法律有关行政诉讼变更判决的规定和本案所涉征地补偿

问题行政先行的属性乃至直接适用民事法律规范，一审法院在判决中直接确定行政机关应予适用的补偿标准，法律依据不充分。

二审法院认为对于当事人诉请人民法院判决变更行政协议内容的行政诉讼，相关内容不应由人民法院直接判决变更，但根据《行政诉讼法》第七十条的规定行政协议所涉内容违法或明显不当的，人民法院可以直接判决撤销并责令行政机关重新依法依规作出行政行为。原审判决适用法律错误，某某镇政府关于本案应当判决重新作出行政行为的上诉理由成立，本院予以支持。依照《行政诉讼法》第八十九条第一款第二项、第七十条第六项之规定，判决如下：一、撤销四川省彭州市人民法院（2019）川0182行初7号行政判决；二、撤销金某县某某镇人民政府于2017年11月1日与杜某建签订的《拆迁安置补偿协议》；三、责令金某县某某镇人民政府于本判决生效之日起六十日内重新履行补偿安置职责；四、驳回杜某、杜某某的其他诉讼请求。

CHAPTER 07 >> 第 7 章

明显不当行政行为司法审查的完善路径

"明显不当"通过立法的形式明确了作为行政行为的司法审查依据，由于"明显不当"这一概念具有主观性、抽象性，无法对其所包含的审查内容进行客观标准的量化。对于明显不当行政行为的理解，行政机关与行政相对人基于不同的地位会有不同的理解，其他主体也同样存在不同的认识。就司法机关对行政行为的司法审查而言，需要将抽象的概念客观化、具体化，实现审查的标准化。如果单从"明显不当"这一概念上论述，只会陷入主观认知或者观念的讨论中，对形成一种客观的审查标准并无帮助。为避免陷入逻辑困境，可以通过对行政机关在实施行政行为时的目的、相关因素、结果以及是否符合社会价值标准进行评价，并通过司法实践确定客观的审查标准。

7.1 明显不当行政行为司法审查的路径

7.1.1 程序解决方式

虽然在行政实践过程中，行政裁量权的适用范围正不断扩大，但是我国对于行政裁量制度的构建呈现出相对滞后的状态。并没有具体的行政法规对行政裁量权作出具体的规定。国务院发布的《法治政府建设实施纲要（2021—2025年）》第十五条规定，"全面落实行政裁量权基准制度，细化量化本地区各行政执法行为的裁量范围、种类、幅度等并对外公布。全面梳理、规范和精简执法事项，凡没有法律法规规章依据的一律取消"。首先要在行政实践中明确裁量标准、基准、指导规范，将行政机关裁量权规范到明确的裁量标准下；其次通过构建包括但不限于信息公开、告知、听证、说明理由及听取辩解等在内的程序性保护措施，规范行政机关的执法流程，减少行政机关对案件事实的误判、错判。

7.1.2 实体性解决方式

对于行政机关的授权是必不可少的，行政裁量权对解决复杂的社会关系具有必要性。对于明显不当行政行为的限制，从立法层面来讲，对行政机关的授权要剔除不必要的行政裁量权，将繁杂冗余的行政权进行精简，保证对行政机关的授权适当。对行政机关授权尽量不用或少用不确定性概念，减少行政执法人员对于授权内容的误判，同时加强行政执法人员关于法律授权的学习，明确各项授权的裁量范围。在行政实践过程中，规范行政执法人员的裁量行为，记录行政执法过程，明确具体操作流程，防止行政执法人员根据个人的主观想法作出行政行为。在评判作出的行政行为是否合理时，可以尝试允许类比原则在行政行为上的适用，对于同类型客观事实，可以通过类比两个或多个行政行为之间的差异，以判断是否在合理范围之内。由于不同客观事实之间的立法、标准、情形等因素均不同，因此这类情况不具有可类比性。建立执法委员会的复查机制，可使明显不当行政行为最容易由行政机关发现并作出更改。建立执法委员会可以有效地对行政执法人员作出的行政行为进行及时有效的复查审核，充分保障执法的正当性、合理性。通过对行政行为"明显不当"的审查，法院可以作出撤销判决或变更判决。虽然对于作出撤销判决或变更判决的"明显不当"的标准二者之间并没有明确的区别，但处理结果的不同也代表了对不同价值的取舍。对于行政处罚结果显失公平以及行政行为结果不具有可期待性的行政行为，法院应当优先适用变更判决。

7.1.3 补偿性解决方式

行政机关对明显不当行政行为的补偿符合法治政府理念，可提高行政机关对作出的行政行为的自我审查能力。行政机关作出行政行为的依据主要有法律授权、政策法规、上级指示以及社会因素，均体现行政裁量权的要求。行政机关作出的行政行为属于合法的范畴，虽然明显不当行政行为极度不合理，也视为违法。但对于明显不当行政行为侵害私人合法权益的，应当给予行政补偿。行政相对人基于明显不当行政行为获得行政补偿应当符合以下几点：第一，行政机关作出的行政行为是有法律、法规授权的；第二，行政机关是在适用行政裁量权的过程中作出的行政行为，由于羁束性行政行为要么完全合法要么完全不合法，不能形成明显不当行政行为；第三，行政机关作出的行政行为侵害了行政相对人的合法权益，行政相对人有权要求对被侵害的合法权益进行补偿；第四，行政机关作出行政行为时违背了法律目的、基本原则或社会价值理念。

7.2　明显不当行政行为司法审查的适用原则

对明显不当行政行为的司法审查标准必须是客观的、具体的。由于"明显不当"作为司法机关对行政行为审查的一种依据，中间存在立法、行政、司法三者之间的权力界分问题，因此，对"明显不当"的司法审查标准门槛不能过低。对明显不当行政行为的司法审查既要符合对行政行为合理性的审查，又要满足对行政行为明显不当的程度要求。虽然合理性原则、比例原则与"明显不当"审查标准的标准、内容有一定的重合性，可以作为理论发展、社会实践的一种参考，但是合理性原则、比例原则作为"舶来品"，能否直接适用于我国的司法实践、适应本土国情，取决于对概念、内涵和外延的界定。明显行政行为的司法审查仅仅通过一种原则或准则是无法进行有效判断的，应当通过对事实的全面了解，运用多种评判标准，才能通过"明显不当"审查标准对行政行为作出判决。

7.2.1　平等原则

行政机关作出的行政行为应当符合平等原则。对于相同的或相似的情形应当作出相似的行政行为，如果行政机关对同一个案件中具有相同情形的不同当事人作出不一致的行政行为，那么该行政行为符合"明显不当"的标准。对于类似案件，处罚标准应当符合同一个裁量基准。平等原则是指行政相对人法律地位的平等、行政机关作出行政裁量标准的平等，以及行政相对人救济途径的平等。该原则要从保证公民、法人或其他组织的合法权益以及提供全面救济的角度出发，实现行政执法的形式平等和实质平等。

7.2.2 目的适当

目的适当要求行政执法人员在行使行政裁量权过程中的具体行政目的要符合立法目的。行政执法人员的裁量目的不适当主要分为追求个人利益、隐藏不法目的以及违背公益。对于追求个人利益、隐藏不法目的作出的行政行为与立法目的是相违背的，即通过法律赋予的权力谋求个人利益，其作出的行政行为因违背法律目的，应当被撤销。对于违背公益裁量虽不符合立法目的，但对社会影响较少，不适宜作出违法行政行为的认定。比如交警在执勤过程中，发现违法乱停的车辆，对其他车辆均已处罚，但因某辆车的车主是某一单位的领导而未作出行政处罚的决定，因为行政执法人员考虑了不相关因素，未对车主进行处罚，违背了法律规定，不符合法律目的。对车主免予行政处罚的决定，同样应当认定其法律效力。对于行政行为的裁量目的是否符合立法目的，可以通过解释法律条文探寻立法者的立法目的，如果没有具体的法律规定，可以通过对类似法条进行类比，帮助理解法律目的。

7.2.3 考虑相关因素

行政机关在作出行政行为时，是否考虑相关因素或考虑了无关因素都可能造成行政结果的明显不当。明显不当行政行为的司法审查要对行政执法人员作出行政判断的过程进行审查。行政执法人员不得仅凭自己的主观意图作出行政行为。确定行政执法人员在作出行政行为时是否考虑了案件的相关因素，对于没有具体法律规定的，应当通过立法目的探寻立法机关对于该类行为的具体意图，综合考量具体因素，判断行政执法人员所作出的行政行为是否符合行政法的基本原理以及公平正义的社会价值理念。

7.2.4 程序正当原则

程序正当原则是指行政机关作出影响行政相对人的行政行为，

必须遵循正当法律程序，包括事先告知行政相对人，向相对人说明行为的根据、理由，听取行政相对人的陈述、申辩，事后为行政相对人提供救济途径[36]。程序正当原则是行政正义理念的最低标准，其贯穿行政机关作出行政行为的各个方面，既包括行政机关作出行政行为的法定程序也包括非法定程序。

7.2.5　符合社会价值标准

"明显不当"的审查作为对行政行为的重要救济途径，其审查的不仅是行政机关作出的行政行为是否正当性的问题，同样要解决行政行为的可接受性问题。行政机关作出的行政行为要为行政相对人所接受，仅通过符合逻辑的推理是不能实现的，还应当保证行政机关作出的行政行为符合人们认同的价值理念。社会价值标准是人们长期普遍认同的价值理念，是人们对某件事情的基本判断准则。对明显不当行政行为的司法审查的结果既要符合正当性的要求，同时要保证人们对于司法判决结果的接受。

7.3　明确司法审查的标准

7.3.1　审查标准的具体化

在明显不当行政行为的司法审查中，审查标准的具体化是确保司法公正和效率的关键环节。审查标准的具体化首先需要明确明显不当行政行为的法律定义，即行政行为在形式、内容或程序上存在明显的不合理、不公正或不符合法律规定的情形。具体而言，审查标准应包括以下几个方面：行政行为的合法性、合理性、比例原则和程序正当性。合法性标准要求行政行为必须符合现行法律法规的规定，包括实体法和程序法；合理性标准关注行政行为是否符合常理和公平原则，是否存在滥用职权或显失公正的情形；比例原则要求行政行为的手段与目的之间必须保持适当的比例，不得过度或不足；程序正当性标准则强调行政行为必须遵循法定程序，保障当事人的程序权利。

审查标准的具体化还需要考虑行政行为的多样性和复杂性。不同类型的行政行为，如行政许可、行政处罚、行政强制等，其审查标准应有所区别。例如，行政许可行为的审查标准应侧重申请人的资格条件和申请材料的真实性，而行政处罚行为的审查标准则应关注处罚的合法性和适当性。因此，审查标准的具体化应根据行政行为的不同类型和具体情况进行细化与调整，以确保审查的针对性和有效性。审查标准的具体化还应注重司法审查的效率和公正性。在司法资源有限的情况下，审查标准的具体化有助于提高司法审查的效率，减少司法资源的浪费。同时，具体化的审查标准也有助于保障当事人的合法权益，防止司法审查中的主观性和随意性，从而提高司法公正性，及时维护当事人的合法权益，体现司法审查的效率和公正性。审查标准的具体化是明显不当行政行为司法审查的重要环节，需要从法律定义、案例分析、比较研究、行政行为类型和司法效率等方面进行综合考虑和细化。通过具体化的审查标准，可以有效提高司法审查的公正性和效率，保障当事人的合法权益，促进法治国家建设。审查标准的具体化对于明显不当行政行为的司法审查至关重要，它不仅关乎个案的公正处理，更是法治精神的体现。在合法性、合理性、比例原则和程序正当性这四个方面，具体化的审查标准能够为法官提供明确的指引，使其在审理案件时能够准确把握审查的尺度。例如，合法性标准要求法院在审查时，必须严格对照法律法规的明确规定，判断行政行为是否超越法定权限或违反法定程序。

对于合理性标准的运用，法院需考量行政行为是否违背常理或公平正义，这往往需要法官具备较高的专业素养和职业判断能力。在比例原则方面，法院应审视行政行为所采取的措施是否与追求的目标相匹配，避免手段过激或目标设定不当的情况发生。至于程序正当性，法院则需关注行政行为在实施过程中是否充分保障了当事人的知情权、陈述权和申辩权等程序性权利。审查标准的具体化还应考虑到不同行政行为的特殊性质，如行政许可、行政处罚和行政强制等。对于行政许可，法院在审查时不仅要关注申请人的资格条件，还要考虑行政许可的公共利益。行政处罚的审查侧重处罚的种类、幅度及其与违法行为的匹配程度。行政强制则需评估强制措施的必要性和合理性。

通过这些具体化的审查标准，司法审查不仅能够提高效率，还能确保公正，避免司法资源的不必要浪费。这对于维护当事人的合法权益，推动法治进程，具有重要意义。因此，持续优化和细化审查标准，是司法实践和法学研究的重要任务。

7.3.2 审查标准的合理性

在司法审查中，审查标准的合理性直接关系到明显不当行政行为的认定效果。审查标准的合理性应当建立在行政裁量权的理论基础之上，既要尊重行政机关的专业判断，又要防止裁量权的滥用。根据《行政诉讼法》第七十条的规定，行政行为明显不当的，人民法院可以判决撤销或者部分撤销，并可以判决被告重新作出行政行为。这一规定为司法审查提供了法律依据，但"明显不当"的具体标准仍需进一步明确。从法理角度来看，审查标准的合理性应当体现比例原则和正当程序原则。比例原则要求行政行为的强度与所追求的目的之间保持适当比例，而正当程序原则则强调行政行为的作出应当遵循法定程序。在具体适用中，审查标准应当包括以下几个维度：一是目的正当性，即行政行为是否基于合法、正当的目的；二是手段适当性，即所采取的手段是否能够实现行政目的;三是损害最小性,即是否选择了对相对人权益损害最小的方式;四是利益均衡性,即行政行为所追求的利益与损害的利益之间是否保持平衡。在司法实践中,审查标准的合理性还需要考虑行政行为的类型和领域特点。例如,在行政处罚领域,审查标准应当重点关注处罚的适当性和必要性;在行政许可领域,则应当着重审查许可条件的设定是否合理。同时,审查标准还应当与行政行为的严重程度相适应,对于情节特别严重的明显不当行政行为,应当适用更为严格的审查标准。

审查标准的合理性还应当体现司法审查的谦抑性原则。司法机关在审查行政行为时,应当充分尊重行政机关的专业判断,只有在行政行为明显超出合理裁量范围时,才应当予以干预。这种谦抑性既体现了司法权与行政权的分工,也有利于保证行政效率。然而,谦抑性并不意味着司法机关应当放弃对行政行为的监督,而是要在尊重与监督之间寻求平衡。为确保审查标准的合理性,还需要建立相应的配套机制。首先,应当通过司法解释或指导性案例的方式,对"明显不当"的具体情形进行类型化处理,为司法实践提供更为明确的指引。其次,应当完善专家辅助人制度,在涉及专业领域的行政案件审理中,引入相关领域的专家提供专业意见。最后,应当建立行政裁量基准制度,通过制定行政裁量基准,为行政机关提供更为具体的执法指引,同时也为司法审查提供更为明确的参照标准。审查标准的合理性还应当与时俱进,以适应社会发展的需要。随着行政任务的日益复杂化和专业化,司法审查标准也应当作出相应的调整。例如,在涉及新兴技术领域的行政案件中,审查标准应当充分考虑技术发展的特点;在涉及公共利益的行政案件中,审查标准应当更加注重利益衡量的全面性。同时,审查标准还应当与行政法治的发展水平相适应,随着行政法治的不断完善，审查标准也应当逐步提高，以更好地监督和规范行政行为。

7.4　扩大对行政处罚行为的审查

目前，大部分关于明显不当行政行为司法审查的规定主要集中在行政处罚领域，但其他类型的行政行为，如行政许可、行政强制等，也可能存在明显不当的情况。因此，建议将这些领域也纳入审查的范畴。一是引入对行政裁决行为的审查。行政裁决是行政机关解决民事争议的重要方式，但在实践中，行政裁决的作出可能因程序不当、事实认定错误等造成明显不当的结果。对此类行为的司法审查能够更有效地保障当事人的权益。二是关注行政协议的审查。随着公共利益需求的日益增长，行政协议已成为行政机关实施政策的重要手段。然而，某些行政协议的签订和履行可能存在显失公平、不合理的情况，对此类行为的审查可以促进政府与公民之间的良性互动。三是重视行政复议决定的审查。行政复议是解决行政争议的一种重要途径，行政复议决定的质量直接关系到行政权力的公正行使。对于那些不按照法定程序作出或明显违背事实和法律的行政复议决定，应当给予必要的司法审查。四是加强对行政征用行为的审查。在紧急情况下，为了维护公共安全或实现公共利益，行政机关可能需要采取征用措施。然而，征用过程中的不当行为可能导致权利人遭受不公平对待。因此，应加强对行政征用行为的审查，确保其合法性和合理性。五是考虑对行政调查行为的审查。行政调查是行政机关行使行政管理职能的重要手段，但由于信息不对称等原因，行政调查过程中可能会出现偏差。因此，对行政调查行为的审查有助于提高行政决策的科学性和合理性。

拓宽明显不当行政行为司法审查的适用范围，使审查机制更加全面和完善。通过对这些新的适用情形进行详细规定，并结合对具体案例的分析，可以有效指导法院在处理相关案件时，更准确地判断和纠正行政机关存在的明显不当行为，从而更好地保护公民和法人的合法权益，维护社会的公平正义。

7.5 改变审查模式

当前，我国明显不当行政行为司法审查的模式以事后审查为主。这种方式在实践中存在诸多不足，如反应迟缓、缺乏预防功能等。因此，改变审查模式成为完善司法审查制度的重要途径之一。一种可能的改进措施是引入事前审查机制。在行政行为实施之前进行合法性预审和风险评估，可以有效减少明显不当行政行为的发生。具体操作上，可以通过建立一套包括但不限于行政裁决和建议、听证会等多种形式的程序，来促进行政机关在作出行政决定之前就其可能产生的影响进行评估。这一模式不仅有助于提高行政效率，还能保障公民和组织的合法权益，增强公权力的透明度和正当性。另一种方式是强化对明显不当行政行为的预防性监督。通过建立和完善行政行为的风险评估机制与报告制度，要求行政机关在实施行政行为前必须进行必要的风险评估，并将评估结果向社会公开。这对于及时发现和纠正潜在的不当行政行为具有重要意义。此外，加强对行政机关的教育和培训，增强其法律意识和职业道德水平，也是预防明显不当行政行为的有效手段。

在变更审查模式的同时，还需要构建一个动态适应机制，以应对不断变化的社会需求和法律环境。这意味着审查标准和程序应随着法律规范的更新与技术进步而适时调整。例如，可以利用大数据和人工智能技术辅助司法审查，通过对历史案件数据的分析，形成更加科学合理的判断标准。此外，为提高审查效率和保证公正性，还可以探索建立第三方参与的审查机制。通过引入专家学者、社会团体代表等非政府组织的参与，可以增加司法审查的透明度和公信力，同时为行政行为的合理性提供更为客观的评价。这种多元化参与的审查模式有助于提升公众对司法审查的理解和支持，提升审查的质量。

改变审查模式对于提高明显不当行政行为司法审查的整体效果至关重要。通过引入事前审查、强化预防性监督、构建动态适应机制以及探索第三方参与的审查机制，可以有效提升我国行政行为的合法性和合理性，更好地维护公众的合法权益和社会的和谐稳定。这些措施的实施需要法律、技术和制度上的综合配套，以确保改革目标的顺利实现。

7.6　增设听证环节

在我国，明显不当行政行为的司法审查实践中，听证环节的增设是一项有效提高审查透明度、确保审查公正性的举措。听证作为一种程序性权利保障机制，在众多司法审查案件中扮演着不可或缺的角色。通过听证，当事人可以就行政机关的不当行政行为提出证据和意见，从而更有效地维护自己的合法权益。此外，听证过程还能够促进行政机关更加透明化地行使权力，增强公众对行政行为合理性的认知。一是听证过程的合法性是增设听证环节的基础。根据《行政诉讼法》等法律法规的规定，听证环节应当依法进行，确保各方当事人的权利得到平等保护。行政机关在实施具体的行政行为之前，必须充分听取利害关系人的意见，为当事人提供参与行政决策的机会。二是设立有效的听证机制可以提升司法审查的质量。听证制度的建立应以实现实质正义为目标，不仅要关注形式上的程序正义，更要注重实质上的公平正义。详细记录听证过程对于行政裁决书的作出具有重要的参考价值，有助于法官更全面地了解案件情况，作出更加合理的判决。三是增设听证环节有利于增强公众对司法审查的信任感。将听证制度引入明显不当行政行为的司法审查中，可以有效提高行政机关的工作效率和透明度，同时也使民众能够在一定程度上参与到司法审查过程中，增强司法审查的民主性和公开性。这不仅有助于维护社会的稳定，也有利于提升法治社会的建设。四是听证环节的实施需要与现有的法律法规相协调。我国已经出台了一系列有关行政诉讼和司法审查的法律，如《行政诉讼法》《行政复议法》等，这些法律为听证制度的实施提供了法律依据。在实际操作中，还需根据具体情况进一步完善和细化相关规定，确保听证机制能够有效运行。五是建立健全听证制度，对审查员和行政机关都提出了更高的要求。审查员需要具备更强的专业能力和道德素养，以确保能够准确把握听证环节的实质意义，公正处理案件。同时，行政机关也需加强对工作人员的培训，提升他们的沟通技巧和法制意识，以保证听证环节顺利进行。

增设听证环节不仅能够提升我国明显不当行政行为司法审查的效果，还可以增强行政机关的公信力和社会公众的法律认同感。通过不断完善和实施听证制度，将为构建更加公正、高效的司法审查体系奠定坚实基础。

7.7 优化司法审查程序

在明显不当行政行为的司法审查程序中，程序简化与效率提升是优化司法审查机制的关键环节。根据《行政诉讼法》第八十二条的规定，人民法院审理行政案件，应当遵循简便、快捷的原则。具体而言，可以通过建立案件繁简分流机制，将明显不当行政行为案件纳入简易程序审理范围，将普通程序的审理期限从6个月缩短至3个月。在程序公正性保障方面，应当建立多方参与的监督机制。可以引入人民陪审员制度，在明显不当行政行为案件中，由1名法官和2名人民陪审员组成合议庭，确保司法审查的民主性。同时，也可以建立专家咨询制度，在涉及专业技术问题的案件中，邀请相关领域专家参与案件审理，确保司法审查的专业性。此外，还应当完善司法公开制度，通过中国裁判文书网公开明显不当行政行为案件的裁判文书，确保司法审查的透明度。在案件审理过程中，应当充分保障当事人的陈述权和辩论权，确保司法审查的公正性。通过建立案件质量评查机制，定期对明显不当行政行为案件的审理质量进行评估，确保司法审查的准确性。在司法资源优化配置方面，可以建立专业化审判团队。在各级人民法院设立行政审判庭，配备具有行政法专业背景的法官，专门审理明显不当行政行为案件。同时，可以建立法官助理制度，为每位法官配备1—2名法官助理，协助处理程序性事务，提高审判效率。在案件分配方面，可以建立随机分案制度，通过信息化系统自动分配案件，防止人为干预。在绩效考核方面，可以将案件审理效率、当事人满意度等指标纳入法官考核体系，激励法官提高审判质量。通过上述措施，可以有效优化司法资源配置，提高明显不当行政行为案件的审理效率和质量。在程序创新方面，可以探索建立行政争议多元化解机制。在明显不当行政行为案件中，可以引入调解、和解等非诉讼解决方式，将部分案件在诉前化解，减轻法院的审判压力。可以建立行政争议调解中心，配备专业的调解员，在立案前对案件进行调解，将调解期限控制在30日内。对于调解成功的案件，可以制作调解协议书，经法院确认后具有法律效力。对于调解不成的案件，及时转入诉讼程序，确保当事人的诉讼权利。通过建立多元化解机制，可以将30%的明显不当行政行为案件在诉前化解，显著提高司法审查效率。在信息化建设方面，应当加强智慧法院建设。可以开发专门用于明显不当行政行为案件审理的信息化系统，实现案件全流程在线办理。通过电子卷宗系统，实现案件材料的电子化流转，缩短卷宗流转时间。通过智能辅助办案系统，为法官提供类案推送、法律检索、文书自动生成等功能，缩短文书制作时间。通过大数据分析系统，对明显不当行政行为案件的审理情况进行统计分析，为司法决策提供数据支持。通过信息化建设，可以将明显不当行政行为案件的审理效率提高50%以上，显著提升司法审查的质量和效率。

在明显不当行政行为的司法审查中，程序的公正性保障是确保司法审查有效性的关键要素。司法审查程序的公正性不仅关系到当事人的合法权益，更影响着司法公信力和法治建设的进程。程序公正性的核心在于确保审查过程的透明性、中立性和参与性，这需要通过制度设计和实践操作来实现。从制度设计层面来看，司法审查程序应当明确审查主体的独立性和中立性。根据《行政诉讼法》的相关规定，法院在审理行政案件时应当独立行使审判权，不受行政机关、社会团体和个人的干涉。这一原则在对明显不当行政行为的审查中尤为重要，因为此类案件往往涉及行政机关的裁量权行使，需要法院在审查时保持高度的中立性。此外，还应当明确规定回避制度，确保与案件有利害关系的法官不得参与审理，从而避免利益冲突对审查公正性的影响。在程序操作层面，司法审查应当充分保障当事人的参与权和知情权。在对明显不当行政行为的审查中，行政机关和行政相对人作为主要当事人，应当享有平等的陈述、申辩和举证的权利。法院在审查过程中应当遵循公开审理原则，除涉及国家秘密、个人隐私等特殊情况外，审查过程应当公开进行，允许公众旁听和媒体报道。同时，法院应当及时向当事人告知审查进展和结果，确保当事人对审查过程的知情权。

程序公正性的保障还需要注重审查程序的效率与公平之间的平衡。对明显不当行政行为的审查往往涉及复杂的法律和事实问题，审查程序的设计应当在确保公平的前提下，尽可能提高审查效率。例如，可以引入简易程序或书面审理程序，对于事实清楚、争议较小的案件进行快速处理，避免因程序冗长而损害当事人的合法权益。同时，对于复杂案件，法院应当充分听取各方意见，必要时可以召开听证会或组织专家论证，确保审查结果的科学性和公正性。

在司法实践中，程序公正性的保障还面临一些挑战。例如，在对明显不当行政行为的审查中，行政机关可能利用其优势地位对审查程序施加不当影响，或者通过拖延战术阻碍审查进程。对此，法院应当加强对行政机关行为的监督，对于滥用程序权利的行为依法予以制裁。此外，司法资源的有限性也可能影响程序公正性的实现，特别是在案件数量激增的情况下，法院可能难以保证每一起案件的审查质量。因此，需要通过优化司法资源配置、加强法官培训等措施，提升司法审查的整体水平。程序公正性的保障还需要注重审查结果的执行和监督。明显不当行政行为的审查结果往往涉及行政机关行政行为的撤销或变更，法院应当确保审查结果得到有效执行，避免出现"执行难"的问题。同时，应当建立对审查结果的监督机制，如通过上级法院的复审或检察机关的法律监督，确保审查结果的合法性和公正性。明显不当行政行为司法审查的程序公正性保障是一个系统工程，需要从制度设计、程序操作、效率与公平的平衡、实践挑战的应对以及审查结果的执行和监督等方面进行综合考量。只有在程序公正性得到充分保障的前提下，司法审查才能真正发挥其监督和纠正明显不当行政行为的作用，维护行政法治和公民合法权益。

程序公正性的实现，还需着力于构建多元化的司法审查监督体系。在当前的法律框架下，应当强化各级法院之间的监督与制约，确保下级法院的审查活动符合法律规范，防止地方保护主义对司法公正的干扰。此外，还应当加强司法与行政的互动，通过司法建议等方式，引导行政机关规范执法行为，从源头上减少明显不当行政行为的发生。应充分利用信息技术，提高司法审查的透明度和公开性。比如，建立行政案件数据库，实现案件信息、审查过程和结果的网上查询，让公众能够更直接地参与到司法监督中。这种透明度的提升不仅有助于增强司法公信力，还能促进法院提高自身审查质量。司法审查的程序公正性保障还应关注对法官的培训和职业化建设。法官作为司法审查的实施者，其专业素养和职业操守直接关系到审查的公正性。因此，应当持续加强法官的业务培训和职业道德教育，确保法官在审查过程中能够独立、公正地行使审判权。

7.8　强化司法审查的监督机制

在构建明显不当行政行为司法审查的监督机制时，需要从制度设计、执行机制和效果评估三个维度进行系统性考量。在制度设计层面看，应当建立多层次的监督体系，包括内部监督、外部监督和社会监督。内部监督主要通过司法机关的层级监督机制实现，上级法院对下级法院的司法审查活动进行定期检查与指导，确保审查标准的统一性和适用性。外部监督则需要引入人大监督和检察监督，人大可以通过听取专项工作报告、开展执法检查等方式对司法审查活动进行监督，检察机关则可以通过提出检察建议、提起抗诉等方式对明显不当行政行为的司法审查活动进行监督。社会监督机制的构建则需要充分发挥媒体和公众的作用，通过信息公开、舆论监督等途径，对司法审查活动进行社会监督。

在监督机制的执行层面，应当建立完善的监督程序和执行规范。具体而言，可以建立司法审查监督的立案登记制度，对监督事项进行统一登记和管理，确保监督活动的规范性和可追溯性。同时，应当明确监督主体的职责权限，建立监督责任追究机制，对监督不力或监督失职的行为进行问责。此外，还需要建立监督信息共享机制，通过信息化手段实现监督信息的及时传递和共享，提高监督效率。在监督机制的效果评估方面，应当建立科学的评估指标体系。评估指标应当包括监督覆盖率、监督及时性、监督有效性等维度，通过定量与定性相结合的方法对监督效果进行全面评估。同时，应当建立定期评估制度，对监督机制的运行情况进行动态监测和评估，及时发现和解决监督过程中存在的问题。评估结果应当作为改进监督机制的重要依据，通过反馈机制将评估结果应用于监督机制的优化和完善。

在监督机制的实施过程中，还需要注意平衡监督与审判独立的关系。过度监督可能影响司法机关的独立判断，而监督不足则可能导致司法审查的随意性和不公正性。因此，在构建监督机制时，应当明确监督的边界和限度，确保监督活动在尊重审判独立的前提下进行。可以通过建立监督与审判独立的协调机制，在监督主体与司法机关之间建立有效的沟通渠道，确保监督活动既能够发挥应有的作用，又不会对审判独立造成不当干预。

监督机制的构建还需要考虑不同层级司法机关的差异性。基层法院与高级法院在司法审查中面临的问题和挑战存在差异，因此监督机制的设计应当具有针对性和灵活性。对于基层法院，监督重点应当放在审查标准的统一适用和审查程序的规范性上；对于高级法院，监督重点则应当放在审查标准的解释和适用上，确保审查标准的合理性和一致性。

在监督机制的实施过程中，还需要注重监督主体的专业能力建设。监督主体需要具备相应的法律专业知识和监督技能，才能有效开展监督活动。因此，应当加强对监督主体的教育和培训，提高其专业能力和监督水平。同时，还可以引入专家咨询机制，在监督过程中邀请相关领域的专家提供专业意见，提高监督的专业性和科学性。监督机制的构建还需要考虑与其他相关制度的衔接与协调。司法审查监督机制与行政复议、行政诉讼等制度存在密切联系，因此在构建监督机制时，应当注意与这些制度的衔接与协调，确保监督机制与其他制度形成合力，共同促进对明显不当行政行为的有效治理。

在司法审查的监督机制实施过程中，其效果主要体现在对行政行为合法性与合理性的双重把控上。根据《行政诉讼法》第七十条的规定，法院在审查行政行为时，不仅需要关注其合法性，还要对其合理性进行判断。这种双重审查标准的确立，使得监督机制能够更全面地保障行政相对人的合法权益。在具体实施过程中，监督机制通过建立案件评查制度、完善司法建议制度等方式，有效提升了司法审查的质量。最高人民法院发布的指导性案例，为下级法院提供了明确的裁判参考。同时，通过建立法官专业会议制度，对疑难复杂案件进行集体讨论，进一步提高了裁判的准确性和统一性。监督机制在实施过程中仍面临一些挑战。首先是司法资源分配不均的问题，东西部地区法院的行政案件审理周期不同，这种区域差异影响了监督机制的均衡实施。其次是司法审查标准的具体化程度不足，虽然《行政诉讼法》对明显不当行政行为作出了原则性规定，但在具体适用时仍存在标准不统一的问题。此外，行政机关对司法审查结果的执行力度也有待加强。

为提升监督机制的实施效果，需要从多个层面进行优化。在制度层面，应当完善行政案件繁简分流机制，提高司法审查效率；在标准层面，需要进一步细化明显不当行政行为的认定标准，增强其可操作性；在执行层面，应当建立健全司法建议跟踪落实机制，确保监督效果落到实处。同时，通过加强法官专业培训、完善案例指导制度等措施，不断提升司法审查的专业化水平。这些措施的实施，将有助于构建更加完善的司法审查监督机制，促进依法行政和法治政府建设。

司法审查监督机制在实施过程中，对行政行为的合法性审查与合理性审查并重，确保了法律规范与社会公正的有效结合。合法性审查关注的是行政行为是否遵守法律规定，而合理性审查则深入行政行为的适当性和必要性，这两者共同构成了对行政行为全面监督的框架。在监督机制的作用下，行政案件审理的质量得到了显著提升，法院通过撤销或变更不当行政行为，有效维护了法律的权威和公民的权益。监督机制通过案例指导、法官专业会议等方式，促进了司法审查标准的统一和裁判的准确性。这些措施不仅提高了司法效率，还有助于减少法律适用上的差异，确保法律的公正实施。

然而，当前监督机制的实施仍面临的实际问题，都是未来改进监督机制时需要重点考虑的。针对司法资源分配不均的问题，可以通过优化法院内部资源配置，提高西部地区法院的审理能力，缩小区域差异。在审查标准的具体化方面，应当通过立法或司法解释，明确"明显不当"的具体情形和判断标准，以增强司法审查的可操作性。至于行政机关对司法审查结果的执行力度问题，需要通过加强法律监督和责任追究，确保司法建议得到有效执行。

7.9 确立公权力正当性审查原则

确立公权力正当性审查原则是实现明显不当行政行为司法审查的基石，其目的在于确保行政机关的行为在法律规定的范围内进行，同时维护公民的基本权利。在此基础上，该原则旨在建立一个透明、公正、法治化的司法审查机制，以保障社会公众对行政机关行为合法性的监督和审查的权利。

一是明确审查范围，针对所有由国家行政机关作出的、可能侵害公民、法人或其他组织合法权益的行政行为进行审查，尤其是那些直接影响公民日常生活和经济权益的重大行政决定。二是设定评价标准，构建一个客观、科学的标准体系来评估行政机关的行为是否符合正当性原则。这包括但不限于合法性标准、合理性标准和公正性标准，以此作为判断行政行为是否需要被修正或撤销的依据。三是增强法律适用的专业性和规范性，要求法官在审查过程中必须准确理解和适用相关法律法规，避免出现法律适用错误或解释偏差的情况。此外，还可通过设立专家咨询制度等方式，增强审查过程的专业性和权威性。四是强化公开与参与，审查过程应公开透明，允许利害关系人和其他相关人员参与审查，听取他们的意见和建议。通过这种方式，可以更好地反映民意，提高审查的公正性和民众的接受度。五是激励和约束并重，即不仅要对明显不当的行政行为予以纠正或撤销，还要对作出这些行为的行政机关和个人施加法律责任，以起到警示和预防作用。同时,也要通过奖励机制鼓励行政机关依法行政,保护公民权益。六是推动长效机制建设,通过案例分析、理论研究等方式,总结成功的经验,形成一套较为完善和系统的审查标准和程序,为今后类似案件的审理提供参考。七是整合资源,强化培训,加强对法官及其他审查人员的培训,提升其专业素养和处理复杂案件的能力。同时,利用信息技术手段,比如建立电子案卷系统等,提高审查效率和质量。八是促进国际合作,借鉴国际上成熟的经验和做法,结合我国国情,不断完善和发展自己的审查原则和机制。通过交流与合作,不断优化和完善审查标准和程序。

通过对公权力正当性审查原则的深入研究和实施,不仅能够有效提升我国行政司法审查的质量和效率,也有助于构建一个更加公平正义的法治环境,最终促进社会和谐稳定。

7.10 强化行政机关的法律责任

在对明显不当行政行为的司法审查中,强化行政机关的违法责任追究是一个至关重要的环节。这一机制的建立,旨在通过对行政机关的严格监督和制约,促使行政机关在行使权力时更加审慎、公正、合法,从而保护公民的合法权益不受侵犯[37]。

一是加大处罚力度。对于被判定为明显不当行政行为的案件,应当根据其严重程度和造成的后果,给予行政机关相应的行政处罚,包括但不限于撤销或改变违法决定、赔偿受害者损失等。通过这种方式,提高行政机关的违法成本,起到有效的威慑,促使行政机关时刻警惕可能出现的不当行为。二是完善法律责任追究制度。不仅要强调事后惩处,更要注重事前预防和事中控制。对于行政违法行为,在调查处理的同时,应明确责任主体以及责任范围,确保责任可落实、可追溯。此外,还应建立健全行政违法责任倒查制度，即由上级行政机关或其他专门机构对下级行政机关的行政行为进行定期或不定期的审查，一旦发现违反法律规定的行政行为，立即启动追责程序。三是实行行政问责制。在加强法律监督的同时，还需推进行政问责制度建设。对于被认定作出明显不当行政行为的行政机关工作人员，根据情节轻重给予警告、记过、降职、辞退等不同程度的处分。这种问责方式能够有效督促行政机关及其工作人员增强法制意识，规范执法行为，从而减少主观因素导致的行政不当行为。四是建立信息公开机制。加大对行政行为信息的公开力度，保障公众的知情权和监督权。通过官方网站、政府公报等形式及时公布行政决策、裁决和执行情况，尤其是那些涉及公民重大利益的事项，做到全程透明。这样既能增加行政机关的透明度，也能让民众更好地理解和支持行政机关的工作，同时也能在一定程度上起到监督的作用，降低行政机关违法可能性。五是强化社会监督和司法救济的作用。除了行政机关自身的约束之外，还应鼓励社会力量（如媒体、非政府组织等）参与到行政监督中。通过舆论监督、投诉举报等方式，增强对行政行为的外部监督力量。此外，对于明显不当行政行为，受害者应有渠道和能力通过司法途径寻求救济，确保其权益得到合理保护。这要求法律制度能够提供便捷高效的诉讼途径，确保司法救济的有效性和可操作性。

强化行政机关的违法责任是实现对明显不当行政行为有效司法审查的重要环节。通过建立和完善相关法律法规和工作机制，可以有效地促进行政机关依法行政，保护公民合法权益，进而构建公平正义的社会环境。[37]

第 8 章
结论与建议

8.1 研究总结

8.1.1 明显不当行政行为的司法审查的理论价值

明显不当行政行为的司法审查在行政法理论体系中具有重要的理论价值，其不仅丰富了行政行为的司法审查理论，还为行政裁量权的合理行使提供了理论支撑。从法理学的角度来看，司法审查作为一种权力制约机制，其核心在于通过司法权对行政权的监督，确保行政行为的合法性与合理性。明显不当行政行为的概念界定突破了传统行政法理论中仅以合法性作为审查标准的局限，将合理性纳入司法审查的范畴，这在一定程度上拓宽了司法审查的理论边界。在行政裁量权理论中，对明显不当行政行为的司法审查为裁量权的行使设定了更为明确的边界，防止行政机关滥用裁量权，确保行政行为的正当性。这一理论创新不仅回应了现代行政法对行政裁量权控制的需求,也为行政行为合理性审查提供了理论依据。从权力制衡理论的角度来看,对明显不当行政行为的司法审查体现了司法权对行政权的有效制约,这种制约机制对于维护法治原则、保障公民权利具有重要意义。司法审查通过个案裁判的方式,对行政机关的裁量行为进行合理性判断,这不仅有助于实现个案正义,也为行政行为合理性审查提供了实践样本。在行政法基本原则理论中,对明显不当行政行为的司法审查体现了比例原则、平等原则等行政法基本原则的具体应用,这些原则在司法审查中的运用,进一步丰富了行政法基本原则的理论内涵。此外,对明显不当行政行为的司法审查还为行政行为效力理论提供了新的研究视角,通过司法审查对明显不当行政行为的效力认定,完善了行政行为效力理论体系。在行政程序理论中,明显不当行政行为的司法审查强调对行政程序的合理性审查,这为行政程序理论的完善提供了新的思路。从比较法的角度来看,明显不当行政行为的司法审查理论借鉴了域外行政法理论中的合理性审查制度,并结合我国的实际情况进行了本土化改造,这种理论创新对于完善我国行政法理论体系具有重要意义。在行政救济理论中,明显不当行政行为的司法审查为行政相对人提供了更为全面的救济途径,这不仅完善了行政救济制度,也为行政救济理论的发展提供了新的研究素材。从法治政府建设的角度来看,明显不当行政行为的司法审查理论为推进依法行政、建设法治政府提供了理论支撑,对于规范行政权力运行、提升政府治理能力具有重要的理论指导意义。明显不当行政行为的司法审查不仅在理论上具有重要价值,而且在实际操作中也显示出其独特的作用。通过对行政裁量权的合理限制,司法审查有助于确保行政行为既合法又合理,从而更好地服务于公共利益和公民权益。具体而言,司法审查通过对明显不当行政行为进行纠正，可以有效地防止行政机关在行使自由裁量权时出现偏差，保证行政决定的公正性和透明度。

在实践中，明显不当行政行为的司法审查机制也面临着一些挑战。例如，如何准确界定"明显不当"这一概念，以及如何平衡司法权与行政权之间的关系，以确保司法审查既不过度干预行政裁量，也不放任行政机关滥用权力。这需要司法审查在具体案件中，结合案件事实、法律规范以及行政裁量的目的和原则，作出精准判断。

此外，对于明显不当行政行为的司法审查对于提升行政法治水平具有积极意义。通过司法审查，可以促使行政机关提高依法行政的意识和能力，推动行政机关在作出决策时更加注重法律依据和程序正义。同时，司法审查还可以通过典型案例的指导作用，引导行政机关合理行使裁量权，避免出现明显不当的行政行为。

在未来，我国应当继续深化对明显不当行政行为的司法审查理论与实践研究，不断完善相关法律法规，明确司法审查的标准和程序。同时，应当加强司法队伍建设，提高司法人员的专业素质和审判水平，确保司法审查的质量和效果。通过这些措施，可以进一步发挥司法审查在维护法治、保障公民权益方面的重要作用，推动我国行政法治建设向更高水平发展。

8.1.2 明显不当行政行为的司法审查的实践意义

明显不当行政行为的司法审查在实践层面具有多重意义，其不仅能够有效制约行政权力的滥用，更能够保障公民的合法权益，维护社会公平正义。从权力制约的角度来看，司法审查为行政权力的行使设置了必要的法律边界，通过司法机关的独立判断，可以有效防止行政机关在裁量权行使过程中出现明显不当的情形。这种制约机制在实践中体现为对行政机关决策过程的监督，包括对事实认定、法律适用以及裁量合理性等方面的全面审查。从权利救济的维度观察，司法审查为行政相对人提供了有效的法律救济途径，当公民、法人或其他组织的合法权益受到明显不当行政行为的侵害时，可以通过司法途径寻求救济，这种救济机制在实践中体现为对行政行为效力的否定性评价以及对受损权益的恢复性保护。

在实践操作层面，司法审查对于明显不当行政行为的规制具有显著的示范效应。通过具体案件的审理和裁判，司法机关不仅能够纠正个案中的不当行政行为，更能够为行政机关提供明确的行为指引，促进行政机关在日后的执法过程中更加注重行政行为的合理性和适当性。这种示范效应在实践中体现为行政机关对司法裁判的重视程度不断提高，以及行政机关内部监督机制逐步完善。从法治建设的角度来看，对明显不当行政行为的司法审查有助于推动依法行政理念的深化，通过司法机关对行政行为的合法性、合理性审查，可以促进行政机关在执法过程中更加注重程序的正当性和实体的公正性。

司法审查在实践中的具体作用还体现在其对行政裁量权的规范上。行政机关在行使裁量权时，往往面临着如何在法律框架内作出最适当选择的问题，而司法审查则通过确立明确的审查标准，为行政机关行使裁量权提供了必要的法律指引。这种规范作用在实践中体现为行政机关在作出行政行为时更加注重裁量的合理性，以及在面对复杂行政事务时更加谨慎地行使裁量权。从社会效果的角度来看，对明显不当行政行为的司法审查有助于提升公众对行政执法的信任度，司法机关对不当行政行为的纠正可以增强公众对法治的信心，促进社会和谐稳定。

在司法实践中，对明显不当行政行为的审查还面临着诸多挑战,如审查标准的把握、司法资源的配置以及审查效率的提升等。这些问题需要通过不断完善司法审查机制来加以解决,包括明确审查标准的具体内涵、优化司法资源配置方式以及提高审查效率等。这些实践层面的改进措施,将有助于进一步提升明显不当行政行为司法审查的实际效果,更好地发挥其在法治建设中的重要作用。从长远来看,对明显不当行政行为的司法审查还将推动行政法治理论的创新发展,通过实践经验的积累和理论研究的深入,不断完善行政法治的理论体系和实践机制。对明显不当行政行为的司法审查在维护法治秩序中发挥着至关重要的作用。通过审查,司法机关能够确保行政行为不仅合法,而且合理、适当。在具体案例中,司法机关通过细致入微的审查,对行政机关的裁量权行使进行监督,防止其滥用权力,保障公民的合法权利不受无理侵犯。

进一步看,司法审查通过确立和运用一系列审查标准,如比例原则、必要性原则等,为行政机关提供了明确的行为准则。这不仅有助于行政机关自我约束,也使其在面对复杂多变的社会情境时,能够更加科学、合理地行使裁量权。

此外,司法审查通过裁判文书的公开,还对公众起到法治教育的作用,提高公民的法律意识,促使社会各界更加尊重和支持法治。同时,司法审查的过程和结果也为学术研究提供了丰富的素材,推动了行政法学理论的发展和完善。

然而,当前司法审查在应对明显不当行政行为时,确实面临着不少挑战,如审查标准的模糊性、司法资源的有限性以及审查效率等。为应对这些挑战,有必要深化司法体制改革,完善相关法律法规,提升司法人员的专业素质,确保司法审查在维护社会公平正义、推进法治建设中发挥更大的作用。通过这些措施,将有助于构建更加公正、高效的司法体系，为我国的法治建设贡献力量。

8.2 研究建议

8.2.1 对立法机关的建议

立法机关在完善明显不当行政行为的司法审查制度中扮演着关键角色。从立法层面来看，现行《行政诉讼法》虽然规定了对行政行为明显不当的审查标准，但缺乏具体可操作性的规定，导致司法实践中存在审查标准不统一、裁量权过大等问题。因此，立法机关应当通过修改法律或制定司法解释的方式，进一步明确对明显不当行政行为的认定标准。具体而言，可以借鉴德国行政法中的"裁量瑕疵理论"，将明显不当行政行为细分为目的不当、程序不当、结果不当等类型，并分别制定相应的审查标准。同时，立法机关应当建立明显不当行政行为的类型化清单，列举常见情形，为司法机关提供明确的裁判指引。

在立法技术层面，建议采用"概括+列举"的立法模式，即首先在法律条文中对明显不当行政行为进行概括性定义，再次通过司法解释或实施细则列举具体情形。例如，将"明显违反比例原则""严重违背行政目的""显失公平"等情形作为明显不当行政行为的典型表现。这种立法模式既保持了法律的稳定性，又增强了法律的可操作性。此外，立法机关还应当建立明显不当行政行为的认定程序规则，包括举证责任分配、证明标准、审查期限等内容，为司法机关提供程序性保障。

立法机关还应当注重法律体系的协调性。在修改《行政诉讼法》的同时，应当同步修改《行政复议法》《行政处罚法》等相关法律，确保法律体系内部的协调性。例如，可以在《行政复议法》

中增加对明显不当行政行为的特别审查程序，赋予复议机关更大的审查权限。同时，立法机关应当建立明显不当行政行为的预防机制，通过制定行政程序法，规范行政裁量权的行使，从源头上减少明显不当行政行为的发生。

在立法监督方面，建议建立明显不当行政行为的备案审查制度。对于行政机关作出的重大行政决策，应当要求其向同级人大常委会备案，接受立法机关的监督。对于存在明显不当情形的行政行为，立法机关可以提出纠正建议或启动法律监督程序。此外，立法机关还应当加强对行政裁量基准的审查，确保行政机关制定的裁量基准符合法律目的和原则，防止裁量基准本身存在明显不当的情形。

立法机关还应当注重司法审查与行政救济的衔接。建议在立法中明确明显不当行政行为的救济途径，包括行政复议、行政诉讼、行政赔偿等。对于明显不当行政行为造成的损害，应当建立快速赔偿机制，提高救济效率。同时，立法机关应当完善行政问责制度，将明显不当行政行为纳入行政问责范围，强化对行政机关的监督和制约。

立法机关应当加强理论研究与立法实践的互动。建议设立专门的研究机构或委托高校、科研院所开展明显不当行政行为司法审查的专题研究，为立法提供理论支撑。同时，立法机关应当建立立法评估机制，定期对明显不当行政行为司法审查制度的实施效果进行评估，及时发现和解决实践中存在的问题。通过不断完善立法，推动明显不当行政行为司法审查制度的科学化、规范化发展。立法机关在完善明显不当行政行为的司法审查制度中，应充分考虑法律适用的一致性和前瞻性。在明确认定标准的基础上，还应关注行政行为背后的社会影响和价值取向。例如，对于涉及公众利益、社会敏感度高的行政行为，立法机关可以设立更为严格的审查标准和程序，确保行政行为的公正性和合法性。

此外，立法机关在制定相关法律条文时，还应强化对行政裁量权的合理限制，防止行政行为明显不当。可以通过设定明确的裁量范围和条件，以及引入第三方评估机制，确保行政裁量权的合理行使。同时，加强对行政机关内部监督机制的建设，如建立专门的监督机构，提高行政行为的透明度和公众参与度。

在法律实施过程中，立法机关还应关注司法审查的效果反馈，及时调整和完善相关法律规定。通过建立常态化的法律修改机制，确保司法审查制度能够适应社会发展的需要。同时，加强对法律实施情况的跟踪评估，对司法审查中出现的新问题、新挑战进行深入研究，为立法提供实证依据。立法机关不仅能够提高明显不当行政行为司法审查的效率和效果，还能为我国法治建设提供坚实的制度保障。

8.2.2 对司法机关的建议

在明显不当行政行为的司法审查实践中，司法机关应当着重提升审查标准的可操作性和统一性。具体而言，建议最高人民法院通过司法解释或指导性案例的方式，对"明显不当"的具体认定标准进行细化。例如，可以将"明显不当"细化为以下具体情形：行政裁量明显违反比例原则、行政决定明显违反常理、行政程序明显违反正当程序原则等。同时，建议建立类型化的审查标准，针对不同类型的行政行为制定相应的审查细则，如行政处罚类、行政许可类、行政强制类等，以提高审查的针对性和有效性。

在司法审查程序方面，建议优化立案审查机制，建立明显不当行政行为的快速审查通道。对于明显不当行政行为，应当简化立案程序，缩短审查期限，确保司法救济的及时性。同时，建议探索建立专门的行政审判庭或合议庭，配备具有行政法专业背景的审判人员，提高审判的专业化水平。在证据规则方面，建议适当降低原告的举证标准，在明显不当行政行为的案件中，实行举证责任倒置或合理分配举证责任，以平衡行政相对人与行政机关的诉讼地位。

为保障司法审查的独立性，建议完善法官职业保障制度，建立防止行政干预的机制。具体而言，可以建立法官履职保护机制，对于涉及明显不当行政行为的案件，实行案件审理的全程留痕和公开制度，接受社会监督。同时，建议加强司法机关的经费保障，确保司法机关在人事、财务等方面的独立性，避免行政机关的不当干预。

在司法审查的监督机制方面，建议建立多层次的监督体系。首先，完善上级法院对下级法院的审判监督机制，通过二审、再审程序确保审查标准的统一适用。其次，加强检察机关的法律监督，对于明显不当行政行为的司法审查，检察机关可以依法提出检察建议或抗诉。再次，建议引入专家咨询制度，在审理重大、复杂的明显不当行政行为案件时，可以邀请行政法专家提供专业意见，提高审查的科学性和公正性。最后，建议加强司法机关与行政机关的良性互动。可以通过定期召开联席会议、发布典型案例等方式，促进司法机关与行政机关就明显不当行政行为的认定标准达成共识。同时，建议建立司法建议制度，对于在审查过程中发现的普遍性问题，司法机关可以向相关行政机关提出改进建议，促进行政行为的规范化。在司法审查的效力保障方面，建议强化判决的执行力度。对于确认行政行为明显不当的判决，应当建立快速执行机制，确保判决的及时履行。同时，建议完善责任追究机制，对于拒不执行判决或继续实施明显不当行政行为的行政机关及其工作人员，依法追究相应责任。建议加强司法审查透明度建设。可以通过公开典型案例、发布司法审查白皮书等方式，向社会公众普及明显不当行政行为的认定标准和审查程序，提高公众的法律意识和维权能力。同时，建议建立司法审查的评估机制，定期对明显不当行政行为的司法审查效果进行评估，及时发现和解决实践中存在的问题，不断完善司法审查制度。司法机关在细化"明显不当"认定标准的同时，也应关注实际操作中可能出现的边界模糊问题。对于"明显不当"的认定，不仅要考虑具体行政行为的形式合法性，还应深入分析其实质合法性。例如，在行政处罚案件中，除了审查行政处罚的种类和幅度是否合法，还应探究行政处罚的依据是否充分、合理。在细化审查标准时，可以引入更多的实质性判断要素，如行政行为的动机、目的以及预期的社会效果等。在建立类型化审查标准的基础上，还可以考虑制定针对特定领域或特定类型行政行为的审查指引，以提供更为具体和明确的审查方向。例如，对于涉及环境保护的行政许可，可以着重审查行政机关是否充分考虑了环境影响评价的结果，以及是否遵循了可持续发展的原则。

优化立案审查机制和证据规则是提高司法审查效率的关键。在简化立案程序的同时，应当保证案件审查的质量，避免因追求效率而牺牲公正。对于举证责任的调整，可以考虑在特定情形下实行举证责任倒置，即在原告初步证明行政行为存在明显不当嫌疑时，转由被告行政机关承担举证责任，证明其行政行为的合法性。

完善法官职业保障制度和防止行政干预的机制，是确保审判独立性的重要手段。在这一过程中，应当加强对法官履职的监督和支持，确保法官在审理案件时能够独立、公正地作出判断。同时，对于行政机关的干预行为，应建立相应的调查和处理机制，保障司法机关的独立运作。

通过上述措施，可以构建一个更加完善和高效的司法审查体系，这不仅有助于维护法律的权威和公正，还能提升公众对司法审查制度的信任和满意度。

8.2.3　对行政机关的建议

行政机关在作出行政行为中应加强自我审查机制，建立内部监督体系，以减少明显不当行政行为的发生。具体而言，行政机关应设立专门的合规审查部门，对拟作出的行政行为进行合法性、合理性评估。该部门应由具备法律专业背景的人员组成，定期对行政人员进行法律培训，提升其依法行政能力。同时，行政机关应建立行政裁量基准制度，明确各类行政行为的裁量范围和标准，防止裁量权滥用。在重大行政决策过程中，应引入专家论证、公众参与等机制，确保决策的科学性和民主性。

行政机关应完善行政程序，建立行政行为的全过程记录制度。在作出行政行为时，应当充分收集证据，听取当事人陈述和申辩，确保事实认定准确、程序合法。涉及重大利益或可能引发争议的行政行为，应当进行风险评估，并制定相应的应急预案。此外，行政机关还应当建立健全行政行为的说明理由制度，在作出行政行为时，应当详细说明事实依据、法律依据和裁量理由，提高行政行为的透明度和可接受性。

行政机关应当主动接受外部监督，建立与司法机关的沟通协调机制。定期向司法机关通报行政工作情况，听取司法机关对行政行为的意见和建议。对于司法机关在行政诉讼中提出的问题，应当及时整改，并将整改情况反馈给司法机关。同时，行政机关应当积极配合检察机关的行政检察工作，主动接受人大监督和社会监督，形成多元化的监督体系。

行政机关应当建立行政行为的自我纠错机制。对于发现的明显不当行政行为，应当及时启动纠错程序，主动撤销或变更不当行政行为，并对相关责任人问责。同时，应当建立行政行为的后评估制度，定期对已作出的行政行为进行评估，及时发现和纠正问题。对于因明显不当行政行为造成当事人损失的，行政机关应当依法进行赔偿，维护当事人的合法权益。

行政机关应当加强信息化建设，利用大数据、人工智能等技术手段，提高行政行为的科学性和精准性。通过建立行政决策支持系统，对行政行为的法律依据、事实依据进行智能分析，辅助行政人员作出合法合理的行政行为。同时，应当建立行政行为的数据库，对各类行政行为进行分类管理，为行政行为的规范化提供数据支持。通过信息化手段，提高行政效率，减少人为因素导致的明显不当行政行为。行政机关在实施自我审查和内部监督的同时，还需对外部监督给予高度重视。为此，可以进一步强化与立法机关的互动，确保行政行为与法律法规保持一致。具体做法包括积极参与立法过程、对可能影响行政行为的法律草案提出专业意见，以及在立法后及时调整行政行为以适应新的法律要求。

行政机关应加强与民间组织和公众的沟通，通过举办听证会、公开征求意见等方式，让公众参与到行政决策的过程中。这种开放式的决策模式有助于提升行政行为的公信力，同时也能及时发现和纠正潜在的不当之处。公众的参与还可以为行政机关提供多元化的视角，有助于全面考量行政行为可能带来的社会影响。

在行政行为的执行过程中，行政机关应当建立健全反馈机制。这包括对行政行为的执行效果进行跟踪评估，及时收集并分析执行中出现的问题。通过定期的反馈和调整，可以确保行政行为更加符合实际情况，减少执行中的偏差。

为了提升行政人员的职业素养和依法行政的能力，行政机关应当制定和完善行政人员职业道德规范，明确行政人员在执行公务时应遵守的行为准则。通过建立职业道德教育和培训体系，强化行政人员的法律意识和服务意识，从而减少不当行政行为的发生。

行政机关在推进法治政府建设的过程中，应当充分利用现代技术手段，提高行政透明度。例如，通过互联网平台公开行政信息，使公众能够更加便捷地获取行政行为的相关信息，实现对行政行为的实时监督。这种透明化的行政模式有助于构建更加开放、公正、透明的行政环境，促进依法行政的深入实施。

行政机关不仅能加强内部自我审查和监督，还能有效融入外部监督机制，形成全面、立体的行政行为监督体系，从而更好地维护社会公共利益和当事人的合法权益。

8.3 研究展望

8.3.1 司法审查制度的发展趋势

随着法治国家建设的深入推进，司法审查制度在行政法领域呈现出新的发展趋势。从审查范围来看，司法审查正从传统的合法性审查逐步向合理性审查延伸。根据《最高人民法院关于人民法院登记立案若干问题的规定》，法院对行政行为的审查不再局限于法律适用是否正确，而是开始关注行政行为是否明显不当。这一转变体现了司法审查从形式法治向实质法治的演进。在审查标准方面，司法审查呈现出从单一标准向多元标准发展的趋势。根据《行政诉讼法》第七十条的规定，法院在审查行政行为时，不仅要考虑法律依据是否充分，还要评估行政行为是否明显不合理、是否违反比例原则等。这种多元化的审查标准体系有助于更全面地保护行政相对人的合法权益。

从审查方式来看，司法审查正从被动审查向主动审查转变。根据《行政诉讼法》第六条的规定，人民法院审理行政案件，对行政行为是否合法进行审查。法院在审理行政案件时，主动审查行政行为的合法性。这种转变体现了司法审查从消极监督向积极监督的演进。在审查效力方面，司法审查的效力范围不断扩大。根据《行政诉讼法》第七十条的规定，法院不仅可以撤销明显不当的行政行为，还可以责令行政机关重新作出行政行为。这种扩大化的审查效力有助于更好地实现司法监督的目的。

从制度设计来看，司法审查正从单一制度向综合制度发展。根据《最高人民法院关于行政案件管辖若干问题的规定》，法院在审理行政案件时，可以综合运用行政诉讼、行政复议等多种制度。这种综合化的制度设计有助于提高司法审查的效率和效果。在审查程序方面，司法审查正从普通程序向特别程序发展。根据《行政诉讼法》第八十二条的规定，法院可以适用简易程序审理简单的行政案件。这种特别程序的设置有助于提高司法审查的效率。

从审查理念来看，司法审查正从形式审查向实质审查转变。法院在审理行政案件时，不仅要审查行政行为的法律依据，还要审查行政行为的事实依据。这种实质化的审查理念有助于更好地实现司法公正。在审查效果方面，司法审查正从个案监督向制度监督发展。根据《最高人民法院关于人民法院在互联网公布裁判文书的规定》，法院的裁判文书要在网上公开，接受社会监督。这种制度化的监督机制有助于提高司法审查的透明度和公信力。

从国际比较的角度来看，司法审查制度正呈现出趋同化的发展趋势。各国在司法审查制度设计上越来越注重保护行政相对人的合法权益。这种趋同化的发展趋势有助于推动全球法治建设。从未来发展来看，司法审查制度将继续朝着更加完善、更加有效的方向发展。司法审查制度将进一步优化，以更好地适应法治国家建设的需要。这种发展趋势体现了司法审查制度在法治建设中的重要作用。司法审查在行政法领域的这些发展趋势，对行政法律实践产生了深远影响。在合法性审查向合理性审查的过渡过程中，法院不仅要关注法律条文的正确应用，还需考量行政决定的合理性和必要性，这对于防止行政机关滥用职权、保障公民权益具有重要意义。同时，多元审查标准的确立，使得司法审查更加细致和全面，能够从多个角度审视行政行为，确保行政行为的公正性。

主动审查的实践赋予了法院更大的司法能动性，使其能够在发现问题时主动出击，而不是仅仅等待案件提起。这种积极的司法姿态，有助于及时纠正不当的行政行为，保护公民的合法权益。此外，审查效力的扩大也使司法判决更具执行力，能够有效督促行政机关纠正错误，维护法律的尊严。

司法审查的制度化和程序化发展，提升了司法效率，同时保证了审查的公正性。简易程序的引入，对于处理简单的行政案件起到了简化流程、提高效率的作用。实质审查理念的推广，确保了司法审查不仅停留在表面，而是深入行政行为的实质内容，这有助于提升司法公正性。

司法审查的趋同化发展，反映了全球对法治建设的共同追求。而我国司法审查制度的未来发展方向，将更加注重制度创新和效能提升，以适应新时代法治国家建设的需要。通过不断改革和完善，司法审查将在维护社会公平正义、推进法治中国建设中发挥更加重要的作用。

8.3.2 司法审查与法治国家建设的关系

司法审查作为法治国家建设的重要制度保障，其功能定位与运行机制直接影响着法治国家的建设进程。从制度功能来看，司法审查通过对行政行为的合法性审查，确保行政权力在法律框架内运行，这是法治国家建设的基本要求。根据《行政诉讼法》的规定，人民法院对行政行为进行合法性审查，包括法律适用、程序正当性以及裁量合理性等维度。这种审查机制不仅维护了法律的权威性，也促进了行政机关依法行政意识的提升。

在法治国家建设中，司法审查发挥着权力制约与权利救济的双重功能。一方面，通过司法审查，可以有效防止行政权力的滥用，确保行政机关在行使裁量权时遵循比例原则、合理性原则等法治要求；另一方面，司法审查为公民提供了有效的权利救济途径，当行政行为明显不当时，公民可以通过司法途径维护自身合法权益。这种制度设计体现了法治国家"有权利必有救济"的基本原则。

司法审查制度的完善程度直接反映了法治国家建设的水平。从实践来看，我国司法审查制度在审查范围、审查标准、审查程序等方面不断完善，这与法治国家建设的进程保持同步。例如，2014年修正的《行政诉讼法》，将"明显不当"行政行为纳入司法审查范围，这一制度创新体现了法治国家建设对司法审查制度提出的新要求。同时，司法审查制度的完善也推动了法治政府建设，促使行政机关在决策过程中更加注重程序的正当性和结果的合理性。

司法审查与法治国家建设之间存在良性互动关系。法治国家建设为司法审查提供了制度环境和价值导向，而司法审查的实践又不断丰富和发展着法治国家建设的内涵。这种互动关系体现在多个层面：在制度层面，司法审查的完善推动着法治国家制度的健全；在实践层面，司法审查的案例积累为法治国家建设提供了实践经验；在价值层面，司法审查所体现的公平正义理念与法治国家建设的价值追求高度契合。

随着法治国家建设的深入推进，司法审查制度也面临着新的发展机遇和挑战。在机遇方面，法治国家建设为司法审查提供了更广阔的发展空间，司法审查的范围和深度有望进一步拓展。在挑战方面，如何平衡司法审查与行政效率的关系，如何在复杂的社会治理中发挥司法审查的作用，这些都是需要深入研究的问题。未来，司法审查制度的发展应当与法治国家建设保持同步，在制度设计、程序优化、标准完善等方面进行创新，以更好地服务于法治国家建设的目标。司法审查在法治国家建设中的核心地位不仅体现在对行政行为的合法性监督，还体现在对法律规范本身的合宪性审查。当前，我国司法审查主要聚焦于具体行政行为的合法性，对于法律、法规等抽象行政行为的审查尚处于探索阶段。随着法治建设的不断深化，合宪性审查的必要性和紧迫性日益凸显。

此外，司法审查的运行机制也需要进一步优化。在审查标准上，除了合法性审查，还应关注行政行为的合理性和必要性，确保行政机关的决策既合法又合理。在审查程序上，应简化诉讼流程，降低公民提起诉讼的成本，使得司法救济更加便捷和高效。同时，应加强司法与行政机关之间的沟通与协调，形成良性互动，既保障司法审查的独立性，又保证行政效率。

在法治国家建设的背景下，司法审查的功能不应仅局限于事后救济，还应具有预防和指引作用。通过司法审查，可以引导行政机关在决策时更加注重合法性、合理性和透明度，从而减少违法行政行为的发生。同时，司法审查还可以通过典型案例的发布，为行政机关和公众提供法治教育的素材，提升全社会的法治意识。

司法审查在法治国家建设中扮演着不可或缺的角色。面对新的发展机遇和挑战，司法审查制度应不断创新和完善，以适应法治国家建设的新要求。这不仅需要司法体系的自我完善，还需要立法、行政等各个层面的共同努力，共同推动我国法治国家建设迈向更高的水平。

8.4 不足之处

尽管本书在明显不当行政行为司法审查领域作出了较为深入的探讨，但仍存在若干不足之处。

首先，在数据收集与分析方面，虽然尝试通过广泛的数据搜集覆盖国内外学术研究和实践案例，但受限于时间与资源，可能未能涵盖所有相关文献和最新研究成果，尤其是国外对于明显不当行政行为司法审查的相关研究动态更新速度较快。

其次，本书在理论分析与实证研究结合的过程中，虽力求全面，但也存在部分理论分析与实际案例分析之间脱节的问题。在处理典型案例时，由于篇幅限制，未能对所有细节进行详尽展开，可能会对某些问题的理解产生偏差或遗漏。

再次，关于我国明显不当行政行为司法审查的具体建议，虽然试图提供具有操作性的策略，但在实施这些建议的过程中可能会遇到各种法律、社会及技术层面的障碍，如行政机关的配合度、法律法规的修订、司法人员的专业培训等，这都可能影响到建议的实施效果。

此外，本书在比较研究方法上虽然涵盖了多个域外国家的经验，但在一定程度上仍局限于现有的资料和文献分析，未能更深入地探索不同国家在具体制度设计和执行机制方面的差异与相似之处，这对于提升我国司法审查的国际竞争力以及解决实践中遇到的问题具有重要意义。

最后，就未来的研究方向而言，本书提出了若干完善意见和建议，但未能充分预见所有可能的变数和挑战。随着法律环境的演变、行政活动的多元化发展以及社会公众对公平正义需求的不断增长，明显不当行政行为司法审查的理论和实践将面临新的考验与要求。因此，后续的研究应当更加注重理论与实践的结合，深入探索新的司法审查路径和方法，以更好地适应社会发展的需求。

综上所述，本书虽为明显不当行政行为司法审查领域的研究贡献了新视角和新思考，但仍需要进一步的深化和完善。期待后续研究能在此基础之上，拓展研究视野，深化理论分析，同时注重实践的应用和验证，共同推动明显不当行政行为司法审查研究向更高层次发展。

参考文献

[1] 周佑勇．司法审查中的行政行为"明显不当"标准［J］．环球法律评论，2021（3）．

[2] 于洋：明显不当审查标准的内涵与适用：以《行政诉讼法》第70条第（六）项为核心［J］．交大法学，2017（3）．

[3] 袁杰．中华人民共和国行政诉讼法解读［M］．北京：中国法制出版社，2014：21．

[4] 信春鹰．中华人民共和国行政诉讼法释义［M］．北京：法律出版社，2014：20．

[5] 何海波．论行政行为"明显不当"［J］．法学研究，2016（3）．

[6] 宋玲．清末民初行政诉讼制度中的本土因素［J］．政法论坛，2009，(03)．

[7] 夏新华．近代中国宪政历程：史料荟萃［M］．北京：中国政法大学出版社，2004：610-612．

[8] 张国福．民国宪法史［M］．北京：华文出版社，1991：436．

[9] 胡建淼，吴欢．中国行政诉讼法制百年变迁［J］．法制与社会发展，2014，(01)．

［10］汪燕．行政合理性原则与失当行政行为［J］．法学评论，2014（5）．

［11］龚祥瑞．比较宪法与行政法［M］．北京：法律出版社，2012：308．

［12］胡建淼．行政法学［M］．北京：法律出版社，2005：66－67．

［13］王连昌．行政法学［M］．北京：中国政法大学出版社，1994：54－57．

［14］罗豪才．行政法学［M］．北京：北京大学出版社，1996：31．

［15］叶必丰．行政合理性原则的比较与实证研究［J］．江海学刊，2002（6）．

［16］［英］威廉·韦德．行政法［M］．徐炳等译．北京：中国大百科全书出版社，1997：134．

［17］蔡伟．对合法性审查原则的再审视：兼论对行政行为的合理性审查［J］．宁夏社会科学，2005（6）．

［18］张千帆，赵娟，黄建军．比较行政法：体系、制度与过程［M］．北京：法律出版社，2008：215．

［19］姜明安．行政法与行政诉讼法［M］．北京：北京出版社，2005：457．

［20］罗豪才．行政法学［M］．北京：中国政法大学出版社，1990：332．

［21］王名扬．美国行政法［M］．北京：中国法制出版社，1999：672．

［22］关保英．论行政滥用职权［J］．中国法学，2005（2）．

［23］马怀德．行政法与行政诉讼法［M］．北京：中国政法

大学出版社，2012：533.

[24][美]理查德·B. 斯图尔特. 美国行政法的重构[M]. 沈岿译. 北京：商务印书馆，200：37.

[25]周佑勇. 裁量基准的技术构造[J]. 中外法学，2014(5).

[26]沈岿. 行政诉讼确立"裁量明显不当"标准之议[J]. 法商研究，2004（4）.

[27]张峰振. 论不当行政行为的司法救济：从我国《行政诉讼法》中的"明显不当行政行为"谈起[J]. 政治与法律，2016（1）.

[28]翁岳生. 行政法[M]. 北京：中国法制出版社，2002：225.

[29][德]哈特穆特，毛雷尔. 行政法学总论[M]. 北京：法律出版社，2000：132.

[30]陈晓玉. 论行政裁量权和不确定法律概念的关系[J]. 法制与社会发展，2011（6）.

[31]黄学贤. 行政法中的比例原则简论[J]. 苏州大学学报（哲社版），2001（1）.

[32]黄学贤. 行政诉讼中的行政行为明显不当：合法性审查还是合理性审查以及如何审查[J]. 苏州大学学报（哲学社会科学版），2023（2）.

[33]王正鑫. 行政行为"明显不当"的司法审查[J]. 财经法学，2021（5）.

[34] https://wenshu.court.gov.cn/website/wenshu/181107ANFZ0BXSK4/index.html?docId = j/cvbL0R4fYQ5Hx8rOjk573vHtblb/SV + LTAadSA3ioGjzzAJzznLJ/dgBYosE2gV7k0V4YcHhw7Z1mdNAqM/

UWEIaMWpvvApcK/Y2FWOBSAkb/zgX1E9K8V8awEdaeg.

［35］甄宇松，卢政峰．行政行为明显不当案件的行政判决方式研究：以《行政诉讼法》第 77 条为视角［J］．辽宁公安司法管理干部学院学报，2023（1）．

［36］姜明安．行政法与行政诉讼法［M］．北京：北京大学出版社，2007：72．

［37］胡峻．不当行政行为的法律治理［J］．衡阳师范学院学报，2021（1）．